AN

OTTO GIORNI CON MONTALBANO
(UN MESE CON MONTALBANO)

A cura di: Lisbeth Thybo
Illustrazioni: Bonnie Poulsen

EDIZIONE SEMPLIFICATA AD USO SCOLASTICO E AUTODIDATTICO

Le strutture ed i vocaboli usati in questa edizione sono tra i più comuni della lingua italiana e sono stati scelti in base ad una comparazione tra le seguenti opere: Bartolini, Tagliavini, Zampolli Lessico di frequenza della lingua italiana contemporanea – Consiglio D'Europa – Livello soglia, Brambilla e Crotti –Buongiorno! (Klett), Das VHS Zertifikat, Cremona e altri – Buongiorno Italia! (BBC), Katerinov e Boriosi Katerinov – Lingua e vita d'Italia (Ed. Scol. Bruno Mondadori).

Redattóre: Ulla Malmmose

Design della copertina: Mette Plesner
Illustrazione sulla copertina: Bonnie Poulsen

Easy Readers

EGMONT

Stampato in Danimarca

Andrea Camilleri è nato a Porto Empedocle in Sicilia nel 1925.

Vive da molti anni a Roma. Ha lavorato come sceneggiatore e regista realizzando tra l'altro popolari serie poliziesche televisive come Tenente Sheridan e il Commissario Maigret.

Camilleri è diventato famoso per i suoi racconti sul Commissario Montalbano che si svolgono nella piccola città immaginaria di Vigàta, in Sicilia. Racconti che hanno portato Montalbano in cima alle classifiche dei libri più venduti in Italia negli ultimi cinque anni.

Oltre ai libri polizieschi Montalbano scrive anche romanzi storici.

Tra i libri più famosi con il Commissario Montalbano:

La forma dell'acqua (1994)
Il cane di terracotta (1996)
Un mese con Montalbano (1998)
La gita a Tindari (2000)
Ladro di Merendine (1996)

costumi

Il libro 'Otto giorni con Montalbano' tratto dal libro 'Un mese con Montalbano' riporta alcuni esempi della sintassi tipica del dialetto siciliano che non disturbano però la comprensione del testo. Sono stati invece tolte
5 le varie espressioni in dialetto per rendere più facile la lettura.

L'ARTE DELLA *DIVINAZIONE*

Da sempre a Vigàta la festa di *Cannalivari* non ha mai avuto senso. Per i grandi, naturalmente, che non fanno cene speciali. Per i bambini, invece, è tutt'altra musica, se ne vanno in su e in giù per il corso a farsi vedere nei loro *costumi*.

Quell'anno, invece, la festa di Cannalivari ebbe senso almeno per uno dei grandi: il professor Gaspare Tamburello, *preside* del locale *liceo* Federico Fellini.

"Ieri notte hanno tentato d'ammazzarmi!" dichiarò il preside entrando, e sedendosi, nell'ufficio di Montalbano.

Il commissario lo guardò e disse: "Signor preside, stia calmo, mi racconti tutto. Vuole un bicchiere d'acqua?"

"Niente voglio!" urlò Gaspare Tamburello. Si asciugò la faccia.

"Quel grandissimo *cornuto* l'ha detto e l'ha fatto!"

"Senta, Preside, lei si deve calmare e raccontarmi tutto con ordine. Mi dica esattamente come sono andate le cose."

Il preside Tamburello fece un evidente sforzo per controllarsi, poi attaccò.

"Dunque, sono rimasto a lavorare nel mio ufficio fino a mezzanotte passata."

Era cosa conosciuta in paese il motivo per cui il pre-

Divinazione, il divinare, la capacità di predire il futuro, fare predizioni
Cannalivari, dialetto siciliano per Carnevale, periodo festivo nel mese di febbraio con balli, maschere e *costumi*, vedi illustrazione pag. 4
preside, professore che dirige una scuola
liceo, scuola superiore che dura 5 anni, prima dell'università
cornuto, chi è stato tradito dalla moglie è cornuto, qui intesa come

side trovava quante più scuse poteva per non rientrare a casa: lì l'aspettava la moglie Santina, meglio nota a scuola come Santippe. Bastava la minima occasione per far arrabbiare Santippe. E allora i vicini di casa cominciavano a sentire le *offese* che la terribile donna faceva al marito. Tornando a mezzanotte passata, Gaspare Tamburello sperava di trovarla addormentata.

"Vada avanti, per favore."

"Avevo appena aperto *il portone* di casa che ho sentito un *botto* fortissimo e visto del fuoco. Ho anche udito qualcuno che rideva"

"E lei che ha fatto?"

"Che dovevo fare? Mi sono messo a correre su per le scale."

"L'ha detto alla sua signora?" chiese il commissario che quando voleva sapere essere veramente cattivo.

"No. E perché? Dormiva, povera donna!"

"E lei *avrebbe* perciò *visto* del fuoco."

"Certo che l'ho visto. Non mi crede?"

Montalbano fece la faccia *dubitativa* e il preside la notò.

"Che fa, non mi crede?"

"Le credo. Ma è strano."

"Perché?"

"Perché se uno le spara alle spalle, lei sente il botto, certo, ma non può vedere il fuoco. Mi spiego?"

"E io invece l'ho visto, va bene?"

---

un'offesa in generale
fare un'offesa, offendere
portone, porta d'ingresso
botto, rumore forte e secco come da pistola
avrebbe visto, qui il condizionale composto viene usato per esprimere una cosa di cui non si è sicuri
dubitativo, pieno di dubbi

"Lei, preside, m'ha fatto capire che conosce chi le avrebbe sparato."

"Non usi il condizionale, io so benissimo chi l'ha fatto. E sono qui per *sporgere denuncia*."

"Aspetti, non corra. Secondo lei, chi è stato?" 5

"Il professor Antonio Cosentino."

"Lei lo conosce?"

"Che domanda! Insegna francese all'istituto!"

"Perché l'avrebbe fatto?"

"Ancora con questo condizionale! Perché mi odia. 10
Ma io, che posso farci? Arriva tardi ai *consigli* dei professori. *Contesta* quasi sempre quello che dico, assume un'aria superiore."

"E lei pensa che sia capace di un *omicidio*?"

"Ah! Ah! Mi vuole far ridere? Quello è capace non 15
solo d'ammazzare, ma di ben altro!"

"E che ci poteva essere di peggio dell'ammazzare?" pensò il commissario.

"E lo sa che ha fatto?" continuò il preside. "L'ho visto io con questi miei occhi che offriva fumo a una studen- 20
tessa!"

"*Erba?*"

"No, che erba! Perché dovrebbe fumare l'erba? Le stava dando una sigaretta."

Viveva fuori del tempo e dello spazio, il signor presi- 25
de.

"Mi pare di aver capito che lei ha *affermato* poco fa che il professore l'aveva minacciata."

sporgere denuncia, denunciare un delitto
consiglio, riunione
contestare, mettere in discussione
omicidio, l'atto dell'uccidere
erba, qui intesa come hashish
affermare, dichiarare

7

"Non precisamente. Me lo disse così *facendo finta di scherzare*."

"Con ordine, la prego."

"Dunque. Una ventina di giorni fa la professoressa Lopane ha invitato tutti i colleghi ad una festa. Io non ho potuto dire di no, capisce? Non amo che capi e *subordinati* facciano amicizia, ci vuole sempre una certa distanza."

Montalbano era dispiaciuto che lo *sparatore*, se veramente era esistito, non *avesse* avuto il colpo più preciso.

"Poi, come sempre succede in questi casi, tutti quelli dell'istituto ci trovammo riuniti in una stanza. E qui i più giovani vollero organizzare qualche gioco. A un tratto il professore Cosentino disse che lui possedeva l'arte della divinazione. Affermò che non aveva bisogno d'osservare il volo degli uccelli. Gli bastava guardare intensamente una persona per vedere il suo destino. Siccome tutti insistevano perché divinasse il mio futuro, lui mi guardò fisso, tanto a lungo che si fece un silenzio di tomba. Guardi, commissario, si era creata un'atmosfera che sinceramente..."

"Lasci perdere l'atmosfera!"

Uomo di ordine, il preside ubbidiva agli ordini.

"Mi disse che il tredici febbraio *sarei scampato* da un colpo, ma che entro tre mesi non sarei stato mai più

---

fare finta di, fingere, fare credere una cosa che non è vera
subordinato, chi lavora sotto un'altra persona
sparatore, persona che spara
avesse, congiuntivo passato di avere
sarei scampato, futuro anteriore: passato nella frase principale e condizionale composto nella frase secondaria per esprimere una cosa che forse succederà nel futuro,
scampare, evitare, salvare

con loro."

"*Ambiguo*, non le pare?"

"Ma che ambiguo! Ieri era il tredici, no? M'hanno sparato, sì o no? E quindi si riferiva a un vero e proprio colpo di *pistola*." 5

proiettile

pistola

La *coincidenza* preoccupò il commissario.

"Guardi, preside, restiamo intesi in questo modo. Io faccio qualche *indagine*, poi, se è il caso, la pregherò di sporgere denuncia."

"Se lei m'ordina così, farò così. Ma io vorrei saperlo 10 subito in carcere. Arrivederla."

E finalmente uscì.

"Fazio!" chiamò Montalbano.

Ma invece di Fazio vide nuovamente apparire sulla porta il preside. 15

"Mi dimenticavo la prova più importante!"

Dietro al professore Tamburello apparse Fazio.

"Comandi."

Il preside però continuò.

"Stamattina, venendo qua a fare la denuncia, ho 20

---

ambiguo, che si può capire in più modi
coincidenza, due o più fatti che succedono per caso allo stesso tempo
indagine, ricerca, l'atto dell'indagare

visto che sul portone del palazzo dove abito, in alto a sinistra, c'è un *buco* che prima non c'era. Lì dev'esserci entrato il *proiettile*. Indaghino."

E uscì.

5 "Tu lo sai dove abita il preside Tamburello?" chiese il commissario a Fazio.

"Sissignore."

"Vai a dare un'occhiata a questo buco nel portone e poi mi fai sapere. Aspetta, prima telefona al liceo, ti fai 10 passare il professore Cosentino e gli dici che oggi, verso le cinque, lo voglio vedere."

Montalbano tornò in ufficio alle quattro meno un quarto dopo aver mangiato un chilo di pesce.

"Per esserci, il buco c'è" riferì Fazio "ma è fresco fre- 15 sco, il legno è vivo, pare fatto con un coltello. Mi sono fatta opinione."

"Dilla."

"Non penso che al preside gli abbiano sparato. Siamo in tempo di Cannalivari, magari a qualche ragazzo 20 gli è venuta voglia di fare sciocchezze e gli ha tirato una *castagnola*."

"Ma come lo spieghi il buco?"

"L'avrà fatto il preside stesso, per far credere alle cose cretine che è venuto a raccontare."

25 La porta si *spalancò*, sbatté contro il muro. Era Catarella.

"Ci sarebbe che c'è il professore Cosentino che dice che ci vorrebbe parlare personalmente di persona."

buco, segno profondo
proiettile, vedi illustrazione pag. 9
castagnola, una specie di piccola bomba di carta
spalancare, aprire al massimo

10

"Fallo passare."

Fazio uscì, entrò Cosentino.

Per un attimo il commissario rimase sorpreso. S'aspettava uno con la T-shirt, jeans e grosse Nike sportive ai piedi, invece il professore indossava un vestito grigio, con *cravatta*. Gli occhi erano furbi. Montalbano gli riferì *l'accusa* del preside e l'avvertì che non era una cosa da scherzarci sopra."

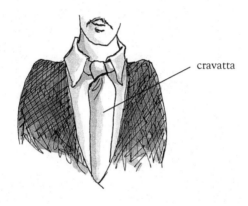

cravatta

"Perché lei ha divinato che giorno tredici il preside sarebbe stato oggetto di una specie d'*attentato* e questo è avvenuto."

"Ma, commissario, se è vero che gli hanno sparato, come può pensare che io sarei stato tanto *fesso* d'annunciare che l'avrei fatto e davanti a venti *testimoni*? Tanto valeva allora sparare e andarmene direttamente in carcere! Si tratta di una coincidenza."

accusa, l'atto dell'accusare
attentato, atto con cui si tenta di uccidere una persona
fesso, cretino
testimone, persona che è a diretta conoscenza di un fatto

11

"Guardi che con me il suo modo di ragionare non piglia."

"E perché?"

"Perché lei può essere stato non tanto fesso ma tanto furbo da dirlo, farlo e poi venirmi a sostenere di non averlo potuto fare perché l'aveva detto."

"E' vero" ammise il professore.

"Allora, come la mettiamo?"

"Ma lei crede davvero che io abbia arti divinatorie, che sia in grado di fare predizioni? Semmai, potrei fare, come dire, *retrodizioni*. E queste sì, sicure, certe come la morte."

"Si spieghi."

"Se il nostro caro preside *fosse vissuto* nell'epoca fascista, non se lo vede che bel *federale sarebbe stato*? Garantito."

"Vogliamo parlare seriamente?"

"Commissario, lei forse non conosce un romanzo del Settecento, "Il diavolo innamorato" di..."

"L'ho letto."

Il professore si ripigliò subito da un leggero *stupore*. "Dunque una sera Jacques Cazotte, trovandosi con alcuni amici celebri, ne divinò esattamente la morte. Ebbene…"

"Senta, professore, anche questa storia conosco."

Il professore spalancò la bocca.

"Ma come fa a sapere queste cose?"

---

retrodizioni, l'atto di dire quello che potrebbe essere successo nel passato
federale, durante l'epoca fascista era il segretario di una Federazione del partito fascista
se fosse vissuto…sarebbe stato, frase ipotetica: imperfetto congiuntivo nella frase secondaria, condizionale composto nella frase principale.
stupore, l'atto di stupirsi, meravigliarsi

"Leggendo" fece il commissario. E ancora più serio aggiunse:

"Questa faccenda non ha né capo né coda. Non so neanche se hanno sparato al preside o se era una castagnola."

"Castagnola, castagnola" fece il professore.

"Se entro tre mesi capita qualche cosa al preside Tamburello, io riterrò responsabile lei personalmente."

"Anche se gli viene una malattia?" chiese per niente spaventato Antonio Cosentino.

E invece capitò quello che era scritto dovesse capitare.

Il preside Tamburello si arrabbiò molto perché il commissario non aveva accettato la denuncia e non aveva *ammanettato* quello che secondo lui era responsabile. E cominciò a fare una serie di passi falsi. Al primo

ammanettato   manette

consiglio dei professori, comunicò di essere stato vittima di un attentato dal quale era miracolosamente
scampato. Durante il discorsino, non fece altro che
guardare il professore Antonio Cosentino che aperta-
5 mente rideva. Il secondo passo falso fu quello di dire la
cosa al *giornalista* Pippo Ragonese, di Televigàta, che ce
l'aveva col commissario. Ragonese raccontò la faccenda
a modo suo, affermò che Montalbano, non procedendo
contro chi era stato indicato come responsabile dell'at-
10 tentato, favoriva la *delinquenza*. Il risultato fu semplice:
mentre Montalbano ci rideva sopra, tutta Vigàta venne
a sapere che al preside Tamburello qualcuno aveva sparato.

Tra gli altri, accendendo la televisione alle dodici e
15 trenta per le notizie, lo venne a sapere anche la moglie
del preside. Il preside, *ignaro* che la moglie ora sapeva,
si presentò alle tredici e trenta per mangiare. I vicini
erano tutti alle finestre e ai balconi. Santippe si arrabbiò con il marito, accusandolo di avere mantenuto un
20 segreto con lei, lo chiamò uno *stronzo* che si faceva sparare addosso come uno stronzo qualsiasi. Dopo un'ora i
vicini videro il preside uscire dal portone. Tornò a scuola, si fece portare un panino in ufficio.

Verso le sei di dopopranzo, come sempre facevano, al
25 caffè Castiglione si riunirono le menti più *speculative*
del paese.

---

giornalista, chi scrive per i giornali o lavora per una televisione
avercela con, avere antipatia verso qualcuno
delinquenza, l'atto del delinquente
ignaro, che non sa
stronzo, volgare, una persona stupida e antipatica
speculativo, che riflette

"Per essere un cornuto, è un cornuto" cominciò il *farmacista* Luparello.

farmacista, persona che ha una farmacia, dove si vendono medicine

15

"Chi? Tamburello o Cosentino?" chiese il *ragioniere* Prestìa.

"Tamburello. Non dirige l'istituto, ma lo governa, è una specie di re.

"Altro che antipatia tra il preside e il professore Cosentino! Qua la cosa è seria assai!" concluse Luparello.

Proprio in quel momento entrò il preside. Non capendo l'aria che stava cominciando a tirare, pigliò una sedia e si sedette al tavolo. Ordinò un caffè.

"Mi dispiace, ma devo tornare a casa" fece subito il ragioniere Prestìa. "Mia moglie ha un po' di febbre."

"Anch'io me ne devo andare, aspetto una telefonata in ufficio" disse Tano Pisciotta.

"Anche mia moglie ha la febbre" affermò il farmacista Luparello che aveva scarsa fantasia.

In un attimo il preside si trovò solo al tavolino. Era meglio non farsi vedere con lui. C'era il rischio si facessero falsa opinione sulla loro amicizia per il professore Tamburello.

Una mattina, alla signora Tamburello, che stava facendo la spesa al mercato, si avvicinò la moglie del farmacista Luparello.

"Quant'è *coraggiosa* lei, signora mia! Io, al posto suo, me ne sarei scappata o avrei buttato mio marito fuori di casa, senza perderci tempo!"

"E perché?"

"Come perché? E se quelli che gli hanno sparato e l'hanno sbagliato decidono d'andare sul sicuro e mettono una bomba dietro la porta del suo appartamento?"

ragioniere, persona che si occupa di amministrazione e conti
coraggioso, che ha coraggio

16

La sera stessa il preside *si trasferì* in albergo.

Allo stremo della resistenza fisica e *mentale*, il preside Tamburello chiese ed ottenne il *trasferimento*. Entro tre mesi non "era più con loro", come aveva divinato il professor Cosentino. 5

"Mi leva una curiosità?" chiese il commissario Montalbano. "Il botto cos'era?"

"Castagnola" rispose tranquillo Cosentino.

"E il buco sul portone?"

"Mi crede se le dico che non l'ho fatto io? Dev'esse- 10 re stato un caso o l'ha fatto lui stesso. Era un uomo destinato a consumarsi con le sue stesse mani. Non so se sa che c'è una storia..."

"Io so solo una cosa" tagliò Montalbano "che non vorrei mai averla come nemico." 15

Ed era sincero.

---

trasferirsi, andare a vivere o lavorare in un altro luogo
allo stremo, al limite
mentale, della mente
trasferimento, cambiamento del posto di lavoro

PAR CONDICIO

Quando Montalbano arrivò appena nominato al *commissariato* di Vigàta, il suo collega tra l'altro lo portò a conoscenza che Vigàta era oggetto di *contenzioso* tra due "famiglie" *mafiose*, i Cuffaro e i Sinagra, le quali
5 tentavano di mettere fine alla *disputa* che durava da molti anni con colpi di *lupara*.

lupara

"Lupara? Ancora?" stupì Montalbano parendogli quel sistema, come dire, antico.

"Per via che i due *capocosca*" spiegò il collega. "*Don*
10 Sisìno Cuffaro ha passato ottant'anni mentre don Balduccio Sinagra ha salutato gli ottantacinque. Devi capirli, sono attaccati ai ricordi e la lupara è tra queste care memorie. Don Lillino Cuffaro, figlio di don Sisìno, che ha passato i sessant'anni, e don Masino Sinagra,

---

Par condicio, espressione latina che significa "pari condizione", parità.
commissariato, l'ufficio del commissario
contenzioso, controversia, discussione violenta
mafioso, chi o che appartiene alla mafia, organizzazione criminale in Sicilia
disputa, discussione, litigio
capocosca, capo di una cosca, clan, gruppo di mafiosi
don, titolo di rispetto, anche per preti

18

figlio *cinquantenne* di don Balduccio vorrebbero succedere ai padri e essere moderni, ma hanno paura dei genitori che sono ancora capaci di pigliarli a *schiaffi* sulla pubblica piazza."

"Stai scherzando?" 5

"Per niente. I due vecchi, don Sisìno e don Balduccio, vogliono andare sempre in parità. Se uno della famiglia Sinagra ammazza uno della famiglia Cuffaro, ci puoi mettere la mano sul fuoco che nel giro di neanche una settimana uno dei Cuffaro spara a uno dei 10 Sinagra. A uno e a uno solo, bada bene."

"E ora a quanto stanno?" chiese sportivamente Montalbano.

"Sei a sei" fece serio serio il collega. "Ora *il tiro in porta spetta* ai Sinagra." 15

arbitro

tiro in porta

Sul finire del secondo anno che il commissario stava a Vigàta, la partita era momentaneamente ferma sull'otto a otto. E dato che il pallone toccava nuovamen-

---

cinquantenne, chi ha cinquant'anni
schiaffo, colpo dato con la mano sul viso
spettare, toccare, ora devono tirare la palla i Sinagra

te ai Sinagra, il 15 di dicembre, in seguito alla telefonata di uno che non volle dire chi era, venne trovato, in *contrada* Zagarella, il cadavere di Titìllo Bonpensiero il quale, nonostante il cognome che portava, aveva
5 avuto la cattiva idea di andare a fare una passeggiata da solo presto la mattina. Era un posto ideale per essere ammazzati. Titìllo Bonpensiero, legato a filo doppio coi Cuffaro, aveva trent'anni ed era sposato da due anni con Mariuccia di Stefano. Naturalmente i Di Stefano
10 erano molto amici con i Cuffaro.

Nel primo anno di commissariato a Vigàta, Salvo Montalbano, che non aveva voluto abbracciare la scuola di pensiero del collega che l'aveva preceduto, "lasciali ammazzare tra di loro, non *t'intromettere*, è tan-
15 to di guadagnato per noi e per la gente onesta".

Nessuno aveva visto, nessuno aveva sentito, nessuno sospettava, nessuno immaginava, nessuno conosceva nessuno.

Perciò quando gli riferirono che in contrada Zagarel-
20 la c'era il cadavere di uno della cosca Cuffaro, ci mandò il suo *vice* Mimì Augello.

E tutti, in paese, si misero ad aspettare la prossima *ammazzatina* di uno dei Sinagra.

E infatti il 22 dicembre Cosimo Zaccaria si recò *con*
25 *canna e vermi sulla punta del molo* che non erano neanche le sette del mattino. Dopo mezz'ora che *pescava* con una certa fortuna, dovette sicuramente arrabbiarsi

contrada, zona
intromettersi, mettersi in mezzo
vice, persona che sostituisce un'altra
ammazzatina, omicidio
canna e vermi sulla punta del molo, vedi illustrazione pag. 21
pescare, cercare di prendere pesci nell'acqua con una canna

motoscafo

canna

vermi

punta

molo

per via di un *motoscafo* che velocemente veniva verso il porto. Puntava, il motoscafo, proprio alla punta del molo, deciso, a quanto pareva, a fare scappare i pesci che Cosimo aspettava. Una decina di metri prima del molo il motoscafo cambiò direzione, ma ormai Cosimo 5 Zaccaria *giaceva affacciabocconi* avendogli la lupara sparato al petto.

Appena la notizia si seppe, il paese intero si stupì e si stupì lo stesso commissario Montalbano.

Ma come?! Cosimo Zaccaria non apparteneva alla 10

giacere, essere sdraiati
affacciabocconi, con la faccia verso il basso

famiglia Cuffaro come ci aveva appartenuto Titìllo Bonpensiero? Perché i Sinagra avevano ammazzato due Cuffaro? Possibile un errore di *conta*? E se non c'era errore, come mai i Sinagra avevano deciso di non rispettare più la regola?

Ora stavano dieci a otto e non c'era dubbio che i Cuffaro ci avrebbero messo poco o niente a *pareggiare* il conto. Si presentava un mese di gennaio freddo e con due Sinagra che si potevano già considerare morti. Però se ne sarebbe riparlato a dopo le Feste. Dopo l'*Epifania* la partita sarebbe ricominciata.

fischio

Il fischio dell'arbitro, inteso non dai vigàtesi ma solo dagli appartenenti alle due squadre, dovette suonare la sera del 7 di gennaio. Infatti il giorno dopo Michele Zummo, dalle parti di contrada Ciavolotta, venne riconosciuto, in qualità di cadavere.

Dieci a nove: le cose stavano ripigliando il verso giusto e il paese si sentì tranquillo: Michele Zummo era dei Sinagra, morto di lupara come da *tradizione*.

---

conta, l'atto del contare
pareggiare, mettere in pari
Epifania, 6 gennaio
Il fischio dell'arbitro, vedi illustrazioni pag. 19 + 22
tradizione, abitudine

Toccava ancora a uno della squadra Sinagra, poi sarebbe tornata la par condicio.

Il 2 febbraio, Pasqualino Fichèra, mentre stava tornando a casa verso l'una di notte, venne pigliato da un colpo di lupara. Cadde a terra ferito: 5
"Ragazzi, errore c'è! Ancora non tocca a me!"
Dalle case vicine lo sentirono, ma nessuno si mosse. Raggiunto in pieno da un secondo colpo, Pasqualino Fichèra passò, come si usa dire, a miglior vita col dubbio che ci fosse stato un errore. Infatti lui apparteneva 10 ai Cuffaro: ordine e tradizione imponevano che, a pareggiare, dovesse essere ammazzato ancora uno dei Sinagra. Era questo che, ferito, aveva inteso dire. Ora i Sinagra erano passati in vantaggio: undici a nove.
Il paese ci perse la testa. 15

A Montalbano proprio quest'ultimo omicidio e la frase detta da Pasqualino Fichèra fecero sì, invece, che la testa gli si piantasse meglio sul collo. Cominciò a ragionare partendo da una *convinzione* che non fosse stato errore di conta né dall'una né dall'altra parte. Una 20 mattina si convinse della necessità di passare un'ora a parlare col dottor Pasquano, il *medico legale* che aveva il suo ufficio a Montelusa. Il dottore era anziano e *sgarbato*, ma Montalbano gli era simpatico: perciò Pasquano riuscì a trovare lo spazio di un'ora nel dopopranzo 25 stesso.
"Titíllo Bonpensiero, Cosimo Zaccaria, Michele Zummo, Pasqualino Fichèra" disse il commissario.

convinzione, l'essere convinti di qualcosa
medico legale, medico che lavora per la polizia
sgarbato, il contrario di gentile

23

"Embè?"

"Lo sa che tre di questi appartengono alla stessa cosca e uno solo a quella avversaria?"

"No, non lo sapevo. E le dirò che non me ne importa assolutamente niente. Ma *venga al dunque*, che vuole?"

"Lei, in questi quattro morti, non ha trovato una qualche *anomalia*, che so..."

"Ma che crede? Che io abbia mani e testa solo per i morti suoi? Io ho sulle spalle tutta la provincia di Montelusa!" tirò fuori quattro *cartelle*, le lesse attentamente, tre le rimise a posto, la quarta la passò a Montalbano.

"Guardi che la *copia* esatta di questa scheda io l'ho spedita al suo ufficio a Vigàta."

Che veniva a significare: perché non ti leggi le cose che ti mando invece di venirmi a *rompere le scatole* fino a Montelusa?

"Grazie e mi scusi per il disturbo" fece il commissario dopo una rapida occhiata al *rapporto*.

"Mimì Augello subito da me!" gridò appena entrato in ufficio.

"Che vuoi?" chiese Augello cinque minuti dopo.

"Una semplice curiosità, Mimì. Tu, con i rapporti che ti manda il dottor Pasquano c'*incarti* il pesce?"

"Perché?"

---

venire al dunque, venire al fatto
anomalia, cosa fuori del normale
cartella, carta, scheda dove sono scritti dati e note
copia, una cosa che è uguale ad un'altra
rompere le scatole, dare fastidio
rapporto, resoconto scritto che contiene i fatti che si vogliono far conoscere
incartare, mettere la carta intorno a qualcosa

24

"Ma li leggi almeno?"

"Certo."

"Mi spieghi allora perché non mi hai detto niente di quello che il dottore aveva scritto a proposito del cadavere di Titìllo Bonpensiero?"

"Che aveva scritto?" s'informò Augello.

"Senti, facciamo così. Ora tu te ne vai nella tua stanza, pigli il rapporto, te lo leggi e poi torni da me. Io intanto cerco di calmarmi perché altrimenti tra noi due finisce male."

Al ritorno nella stanza del suo superiore, Augello aveva la faccia *alterata*, mentre quella del commissario era un po' più serena.

"Allora?" chiese Montalbano.

"Allora sono uno stronzo" ammise Mimì.

"Su questo siamo d'accordo."

Mimì non *reagì*.

"Pasquano" fece Montalbano "avanza chiaramente il *sospetto* che, dato il pochissimo sangue trovato sul posto, Bonpensiero sia stato ammazzato da qualche altra parte e poi portato alla contrada Zagarella per essere sparato ch'era già morto da qualche ora. Perché? Sempre secondo Pasquano, perché Buonpensiero è stato *strangolato* nel sonno. E allora, Mi-mì, che idea ti sei fatta ora che finalmente hai dato un'occhiata al rapporto?"

"Che se le cose stanno così, quest'omicidio non rientra nella *prassi*."

alterato, agitato, irritato
reagìre, agire, passare all'azione
sospetto, dubbio
strangolare, uccidere stringendo il collo
prassi, normalità

25

"Certe volte, Mimì, la tua intelligenza mi fa spavento! Tutto qua? Non rientra nella prassi e basta?"

"Forse…" *azzardò* Augello, ma si fermò subito. A bocca aperta, perché il pensiero che gli era venuto era sembrato straordinario a lui per primo.

"Forza, parla, che non ti mangio."

"Forse con l'ammazzatina di Bonpensiero i Sinagra non c'entrano."

Montalbano si alzò, gli andò vicino, gli prese la testa tra le mani, lo baciò in fronte.

"Commissario, lei mi ha mandato a dire che voleva vedermi uno di questi giorni, ma io mi sono precipitato subito. Non perché io abbia da difendermi dalla legge, ma per la grandissima *stima* che noi nutriamo, mio padre e io, nei suoi confronti."

Don Lillino Cuffaro aveva una specie di *fascino* segreto. Era un uomo di comando, di potere, e non riusciva a nasconderlo bene.

Al complimento Montalbano non disse nulla, come se non l'avesse sentito.

"Signor Cuffaro, so che lei ha molti impegni e perciò non le farò perdere tempo. La signora Mariuccia come sta?"

"Chi?"

"La signora Mariuccia, la figlia del suo amico Di Stefano, la *vedova* di Titillo Bonpensiero."

Don Lillino Cuffaro aprì la bocca come per dire qualcosa poi la richiuse. Non s'aspettava un *attacco* da quel

---

azzardare, rischiare
stima, buona opinione
fascino, l'essere interessanti agli occhi degli altri
vedova, donna a cui è morto il marito

lato. Ma si ripigliò.

"Come vuole che stia, povera donna, sposata da appena due anni ritrovarsi col marito ammazzato a quel modo…"

"Quale modo?" chiese Montalbano facendo la faccia *innocente*. 5

"Ma… ma a me hanno detto sparato" fece don Lillino. Capiva di star camminando sopra un terreno *minato*. Montalbano era una *statua*.

"No?" chiese don Lillino Cuffaro. 10

Neanche questa volta parlò.

"E come fu, allora?"

Questa volta Montalbano rispose.

"Strangolato."

"Ma che mi racconta?" protestò don Lillino. 15

Si vedeva però che non era per niente bravo a fare teatro.

"Se glielo dico io, mi deve credere" fece serissimo il commissario, anche se si stava divertendo.

Calò silenzio. 20

"Ma Cosimo Zaccaria ha fatto un grosso *sbaglio*, grosso assai" ripigliò dopo un pezzo il commissario.

"E che c'entra ora Cosimo Zaccaria?"

"C'entra, c'entra."

Don Lillino s'agitò sulla sedia. 25

"E secondo lei, tanto per parlare, quale fu lo sbaglio che fece?"

"Tanto per parlare, quello di attribuire ai Sinagra l'o-

attacco, l'atto dell'attaccare
innocente, che non ha fatto niente
minato, che può esplodere
statua, per esempio figura di marmo
sbaglio, errore

27

micidio da lui fatto. Ma i Sinagra fecero sapere che loro in quella storia non c'entravano. Quelli dell'altra parte allora, convinti che i Sinagra non c'entrano, fanno un'indagine a casa loro. E scoprono una cosa che, se

5 saputa, li può coprire di vergogna. Mi *corregga* se sbaglio, signor Cuffaro…"

"Non capisco come potrei correggerla in una cosa che…"

"Mi lasci finire. Dunque, Mariuccia Di Stefano e

10 Cosimo Zaccaria sono da tempo *amanti*. Sono così bravi che nessuno sospetta della loro relazione, né in famiglia né fuori casa. Poi, ma questa è solo una mia idea, Titillo Bonpensiero comincia ad accorgersi di qualcosa. Mariuccia si spaventa e ne parla al suo amante. Insie-

15 me, organizzano un piano per liberarsi di Titillo e far cadere la colpa sui Sinagra. Una notte che il marito sta dormendo profondamente, la signora si alza dal letto, apre la porta e Cosimo Zaccaria entra…"

"Si ferma qua" disse improvviso don Lillino alzando

20 una mano. Sentire la storia gli pesava.

Con stupore, Montalbano vide davanti a sé una persona diversa. Le spalle dritte, l'occhio sano, la faccia dura e decisa: un capo.

"Che vuole da noi?"

25 "Siete stati voi a ordinare l'omicidio di Cosimo Zaccaria per riportare l'ordine in famiglia."

Don Lillino non disse una parola.

"Bene, voglio che l'*assassino* di Cosimo Zaccaria venga a *costituirsi*. E voglio anche Mariuccia Di Stefano

30 come *complice* dell'omicidio del marito."

correggere, dire se una cosa è sbagliata
amante, persona che ha un rapporto d'amore fuori del matrimonio
assassino, persona che uccide

28

"Certamente lei avrà le prove di quello che m'ha detto."

"In parte sì e in parte no."

"Posso sapere allora perché mi chiamò?"

"Solo per dirle che ho l'intenzione di fare di peggio che far vedere le prove."

"E cioè?"

"Da domani stesso inizio un'indagine sugli omicidi di Bonpensiero e Zaccaria, la faccio seguire da televisioni e giornali. Vi *sputtanerò* tanto che non saprete più dove nascondervi per la vergogna. Basterà che io dica come sono andate le cose e voi avrete perso il rispetto di tutti. Perché dirò che nella vostra famiglia non si ubbidisce, che chi ha voglia di andare con una ragazza si piglia chi capita, donne sposate o ragazze, che si può ammazzare liberamente quando, come e chi si vuole…"

"Fermo qua" disse nuovamente don Lillino. Si alzò e uscì.

Tre giorni dopo, Vittorio Lopresti, della famiglia Cuffaro, si costituì dichiarando di avere ammazzato Cosimo Zaccaria perché come suo *socio* in affari non si era comportato bene.

La mattina seguente Mariuccia Di Stefano, tutta vestita di nero, uscì presto da casa e a passo svelto andò fino alla punta del molo. Era sola, molti la notarono. Arrivata, come raccontò Pippo Sutera, testimone, la donna si fece il segno della croce e si buttò in mare. Pippo Sutera si buttò per salvarla, ma il mare quel gior-

---

costituìrsi, presentarsi alla polizia
complice, persona che partecipa con altri a un delitto
sputtanare, parlare di qualcuno in modo che perda la stima degli altri
socio, persona che partecipa con altri in affari

no era forte.

"L'hanno convinta a *suicidarsi* perché non aveva altra strada" pensò Montalbano.

In paese, tutti si convinsero che Mariuccia Di Stefa-
5 no si fosse ammazzata perché non reggeva più alla *perdita* del marito.

suicidarsi, togliersi la vita
perdita, cosa che non si ha più

L'ODORE DEL DIAVOLO

La signora Clementina Vasile Cozzo era un'anziana ex maestra, che aveva aiutato in diverse occasioni il commissario Montalbano. Tra loro era nata qualcosa di più che un'amicizia: il commissario, che aveva perso la madre quand'era ragazzo, provava una specie di sentimento *filiale*. Spesso Montalbano, dopo essere andato a farle visita, si tratteneva a pranzo o a cena, la cucina della cameriera Pina prometteva bene e manteneva sempre meglio.

Quel giorno avevano finito di pranzare e stavano pigliando il caffè, quando la signora disse:

"Lo sa che la mia maestra delle *elementari* è ancora viva?"

"Davvero? Quanti anni ha?"

"Novantacinque, li fa proprio oggi. Ma se la vedesse, commissario! Cammina come una ragazza. Pensi che almeno una volta al mese mi viene a trovare, e dire che abita vicino alla vecchia stazione."

"A piedi?!" si meravigliò il commissario.

Effettivamente, c'era un bel tratto di strada.

"Oggi però ci vado io a trovarla, per due ragioni. Mi ci porta mio figlio e poi mi viene a ripigliare. Qui a Vigàta siamo rimasti una decina di suoi vecchi *scolari*, è diventata un'abitudine ritrovarci tutti in casa di Antonietta, si chiama Antonietta Fiandaca, per il suo *compleanno*. Non si è mai voluta sposare, è sempre stata una donna sola. Per sua scelta, badi bene."

filiale, da figlio
elementari, i primi cinque anni di scuola
scolaro, ragazzo che frequenta una scuola
compleanno, il giorno in cui si compie gli anni

"E l'altra?"

"Quale altra? Non capisco."

"Signora Clementina, lei mi ha detto che andava a trovare la sua ex maestra per due ragioni. Una è il compleanno. E l'altra?"

"Il fatto è che sono un po' *imbarazzata* a parlarne. Ecco, Antonietta ieri mi ha telefonato per dirmi che ha sentito nuovamente il *feto* del diavolo."

Il commissario capì subito che la signora si riferiva al diavolo diavolo, quello con le corna e la coda. Sulla faccenda che un diavolo di questo tipo facesse feto, ossia mandasse cattivo odore, Montalbano lo sapeva dai libri e per i *racconti* che gli faceva sua *nonna*. Però davanti alla *serietà* della signora Vasile Cozzo gli venne di sorridere.

"Guardi, commissario, che è una cosa seria."

"Perché m'ha detto che la sua ex maestra ha sentito "nuovamente"? E' già capitato?"

"Piglio la cosa dall'inizio che è meglio. Dunque, Antonietta era di famiglia assai ricca, faceva la maestra non perché ne avesse bisogno, ma perché già da allora aveva idee moderne. Poi il commercio che faceva suo padre andò male. A farla breve, lei e sua sorella Giacomina si divisero comunque un'*eredità discreta*. Tra l'altro, ad Antonietta toccarono due *villini*, uno in campagna, in contrada Pàssero, e uno qui, a Vigàta.

imbarazzato, confuso, sentirsi a disagio
feto, odore forte e cattivo, puzza
racconto, storia breve
nonna, la madre del padre o della madre
serietà, atteggiamento serio
eredità, quello che si riceve da una persona dopo la sua morte
discreto, abbastanza buono
villino, piccola villa

"Antonietta, una volta andata in pensione, amava stare il più a lungo possibile nel villino di campagna. Quando veniva l'inverno vero, scendeva in paese. Questo fino a due anni prima che lei, commissario, arrivasse a Vigàta." 5

"Che successe?"

"Una notte si svegliò per un rumore della quale non capì la causa. Com'è naturale, pensò ai ladri. Il custode arrivò in cinque minuti, *armato*. Nessuna porta *sfondata*, nessun vetro di finestra rotto. Se ne tornarono a dormire. Appena dentro al letto, Antonietta cominciò a sentire il feto. Antonietta si rivestì e, non volendo nuovamente svegliare il custode, passò il resto della notte in una specie di *gazebo* che c'era in giardino." 10

"Questo feto c'era ancora quando col giorno tornò dentro?" 15

"Certo. Lo notò anche la moglie del custode ch'era andata a pulire la casa. Debole, ma c'era ancora."

"Capitò altre volte?"

"E come no! Il feto tornava sempre. Poi capitò qualche cosa di diverso." 20

"E cioè?"

"Una notte, dopo che il feto l'aveva obbligata a *rifugiarsi* nel gazebo, sentì dall'interno del villino rumori *spaventosi*. Quando ci entrò, vide che tutti i bicchieri, i piatti, erano stati *fracassati*. E ci fu ancora di peggio. Dopo due mesi di questa vita che ormai la sera Anto- 25

---

armato, con arma
sfondare, rompere con forza
gazebo, piccola casa di legno
rifugiarsi, cercare riparo
spaventoso, che fa spavento, paura
fracassare, rompere con violenza

nietta se ne andava a dormire nel gazebo, tutto finì di colpo, così com'era cominciato. Antonietta tornò a passare le notti nel suo letto. Dopo una quindicina di giorni che tutto pareva tornato normale, capitò quello
5 che capitò."

Il commissario non chiese niente, era interessantissimo.

"Antonietta *abitualmente* dorme sulla schiena. Faceva caldo e aveva lasciato la finestra spalancata. Venne
10 svegliata da qualcosa che pesantemente le era caduto sulla *pancia*. Aprì gli occhi e lo vide."

"Chi?"

"Il diavolo, commissario. Il diavolo nella forma che aveva deciso d'assumere."

15 "E che forma aveva?"

"Di un animale. A quattro *zampe*. Con le corna. *Fosforescente*, gli occhi rossi e mandava uno spaventoso feto. Antonietta lanciò un *grido* e *svenne*. Aveva gridato tanto forte che *accorsero* il custode e la moglie, ma
20 non trovarono *traccia* dell'animale. Dovettero far venire il medico, Antonietta aveva la febbre forte per lo spavento. Quando si rimise, chiamò *padre* Fulconis."

"E chi è?"

"Suo *nipote*, che è prete a Fela. Giacomina, la sorel-
25 la, che si era sposata con un medico, il dottor Fulconis,

abitualmente, di abitudine
pancia, stomaco
zampa, il piede di un animale
fosforescente, che illumina anche nel buio
grido, l'atto del gridare
svenire, perdere i sensi
accorrere, correre a dare aiuto
traccia, segno
padre, prete
nipote, figlio del fratello o della sorella

34

aveva avuto due figli: il prete, Emanuele, e Filippo, un *giocatore* che ha fatto morire di *crepacuore* la madre. Don Emanuele, a Fela, si era fatto la *fama* d'*esorcista*. E per questo Antonietta lo chiamò, sperando che a lei liberasse la casa."

"E ci riuscì?"

"Macché. Appena arrivato, il prete stava per svenire, disse che sentiva fortissima la presenza del *Maligno*. Dopo volle essere lasciato solo nella villa, fece allontanare anche il custode e la sua famiglia. Passati tre giorni che non dava notizie, Antonietta si preoccupò e

giocatore, qui una persona che gioca per vincere soldi
crepacuore, profondo dolore
fama, stima
esorcista, chi è capace di allontanare il diavolo
il Maligno, il diavolo

avvertì i carabinieri. Trovarono padre Fulconis con la faccia piena di *botte*. Riferì che più volte gli era apparso il diavolo, che avevano combattuto, ma non ce l'aveva fatta. Antonietta si trasferì qua a Vigàta e fece sapere che aveva l'intenzione di vendere la villa. Ma la notizia del diavolo che l'abitava era venuta a conoscenza di tutti, nessuno voleva comprarla. Finalmente si fece avanti una persona di Fela, se la comprò per quattro soldi, una miseria. E sa una cosa? Io questa storia del diavolo l'ho conosciuta a cose fatte, quando Antonietta aveva già venduto il villino."

"Perché, se l'avesse saputo a tempo, lei, signora, che avrebbe fatto?"

"Mah, a pensarci a mente fredda, non avrei saputo che fare, che consigliarle. Però mi è venuta una rabbia! E ora la storia sta ricominciando pari pari. Io temo che la povera Antonietta, anziana com'è, non ne riceva un danno solo economico."

"Si spieghi meglio."

"Mah, *non ci sta più con la testa*. Mi ha fatto discorsi strani, preoccupanti. "Ma che vuole il diavolo da me?" mi ha domandato l'altro giorno."

Si era fatto tardi, il commissario doveva tornare in ufficio.

"Mi tenga informato, mi raccomando" disse alla signora.

Quando la signora Clementina venne a conoscenza che la sua vecchia maestra era stata costretta a passare due notti sullo *scalino* davanti alla porta, le mandò la cameriera Pina con un biglietto e la convinse a venire a dor-

---

botta, colpo
non starci con la testa, non ragionare
scalino, gli scalini costituiscono la scala

mire a casa sua.

La signorina Antonietta perciò di giorno tornava al villino e quando diventava buio si spostava di casa.

Di questo cambiamento d'abitudini della signorina, Clementina Vasile diede telefonica informazione al commissario. Convennero che si trattava della soluzione migliore, dato che era evidente che il diavolo non amava la luce del sole e che di notte cominciava a fare cattivo odore solo in presenza della vecchia maestra.

Due giorni dopo però Montalbano telefonò di mattina alla signora Clementina.

"La signorina Antonietta è ancora da lei?"

"No, è già tornata a casa sua."

"Bene. Posso passare stamattina? Ho necessità di parlarle."

"Venga quando vuole."

La signorina Antonietta alle sette e mezzo di sera cenava (si fa per dire, perché un uccellino mangiava più di lei), poi si preparava le cose per la notte, le metteva dentro a una grande borsa e si recò verso la casa della sua ex allieva.

Quella sera il telefono suonò che aveva appena finito di cenare.

"Pronto, Antonietta? Stavi venendo da me?"

"Sì."

"Senti, non sai quanto mi dispiace, ma è arrivato all'improvviso un mio nipote dall'Australia. Per stasera e per domani non ti posso *ospitare*."

"Oddio, e adesso dove vado?"

"Resta a casa. Speriamo che non succeda niente."

| *ospitare*, fare dormire qualcuno in casa

37

La prima notte non capitò infatti niente, ma la signorina Antonietta non dormì lo stesso per la paura di sentire il feto del diavolo.

La seconda notte invece il diavolo si fece vedere e il
5 primo a vederlo fu il commissario che se ne stava nascosto nella sua macchina ferma a poca distanza dall'ingresso *posteriore* del villino. Il Maligno aprì la porta, entrò, stette in casa neanche un minuto, uscì nuovamente, richiuse, fece per avviarsi verso la sua auto.
10 "Mi scusi un momento."

Sorpreso dalla voce che gli era arrivata di spalle, il Diavolo lasciò cadere la piccola bottiglia che aveva in mano. Non era stata chiusa bene e il *liquido si* sparse per terra.
15 "Lei è certamente il diavolo" fece Montalbano "lo riconosco dalla puzza che sta facendo."

Poi, non sapendo come si fa a trattare con una presenza *soprannaturale*, per il sì e per il no, gli dette un pugno sul naso.

20 "Mi ha confessato che era tormentato dai *debitori*, giocava e perdeva. Così gli venne in mente di ripetere quello che aveva fatto anni fa col villino di campagna. Quelli che se lo comprarono per un decimo del valore reale erano d'accordo con lui. Ora aveva preso accordi
25 con altri, avrebbe costretto la zia a vendere anche il villino di Vigàta."

"Io lo sapevo" fece la signora Clementina "che questo nipote Filippo era un delinquente. Ma come mi

posteriore, che è dietro
liquido, l'acqua e l'olio sono liquidi
spargere, versare
soprannaturale, che non è naturale
debitore, colui che deve pagare

spiega la faccenda dell'animale *diabolico*, fosforescente, che la povera Antonietta si vide sulla pancia? E come mai il fratello prete, Emanuele, disse che si era *scontrato* col diavolo?"

"L'animale diabolico era un gatto, con una sostanza 5 fosforescente e con un paio di corna di carta attaccate in testa. In quanto al prete, non si scontrò col diavolo, ma con suo fratello Filippo. Aveva capito tutto e voleva *dissuaderlo*."

"E si fece complice? Un prete?!" 10

"Non lo giustifico, ma lo capisco. Filippo, per i debiti, era minacciato di morte."

"E ora che si fa? Si racconta tutto ad Antonietta? Se viene a sapere che è stato suo nipote ad inventare la cosa, ne morrebbe di dolore, come la sorella." 15

Montalbano ci pensò sopra.

"Io un'idea ce l'avrei" fece.

"Aspetti prima di dirmela. Come faceva Filippo a sapere quando Antonietta avrebbe dormito nel villino?" 20

"Un complice, che informava degli *spostamenti*. Me ne ha fatto il nome."

"Mi dica la sua idea."

Chiamato dalla zia Antonietta, che lo fece su consiglio della signora Clementina, arrivò di corsa a Vigàta padre 25 Emanuele Fulconis, l'esorcista. Stavolta lavorò molto bene, gli bastò una sola notte. La mattina dopo, annunciò che finalmente ce l'aveva fatta, il diavolo era stato

---

diabolico, da diavolo
scontrarsi, combattere contro
dissuadere, convincere a non fare una cosa
spostamento, l'atto di spostarsi

definitivamente sconfitto.

Avevano finito di mangiare che finalmente il commissario si sentì di fare la domanda che giorni e giorni si portava dietro.

5   "Ma lei, signora Clementina, al diavolo ci crede?"

"Io? E quando mai! Altrimenti perché le avrei raccontato questa storia? Se ci avessi creduto, l'avrei raccontata al *vescovo*, non le pare?"

---

definitivamente, per sempre
sconfiggere, vincere un avversario
vescovo, titolo di prete di alto grado

IL COMPAGNO DI VIAGGIO

Il commissario Salvo Montalbano arrivò alla stazione
di Palermo ch'era d'*umore* nero. Il suo stare male nasce-
va dal fatto che, venuto tropo tardi a conoscenza di un
doppio *sciopero* d'aerei e di navi, per andare a Roma
non aveva trovato che un letto in uno *scompartimento* a   5
due posti di seconda classe. Il che veniva a significare
una notte intera da passare con uno sconosciuto. Inol-
tre a Montalbano, in treno, non gli era mai riuscito di
prendere sonno. Per passare le ore, metteva in atto un
suo *rituale* ch'era possibile praticamente a patto d'esse-   10
re completamente solo. Consisteva nell'andare a letto,
spegnere la luce, riaccenderla dopo neanche mezz'ora,
fumare mezza sigaretta, leggere una pagina del libro che
si era portato dietro, spegnere la sigaretta, spegnere la
luce e cinque minuti dopo ripetere tutta l'operazione   15
fino all'arrivo. La stazione era così piena di *viaggiatori*
che pareva il primo d'agosto. Non c'era speranza che
l'altro letto restasse libero.

Entrò nello scompartimento, il suo compagno di
viaggio non era arrivato. Ebbe appena il tempo di siste-   20
mare la valigia e riaprire il *libro giallo* che aveva scelto,
che il treno si mise in movimento. Vuoi vedere che l'altro aveva cambiato idea e non era più partito? Il pensiero l'*allegrò*. Chiuse la porta e continuò a leggere. La

umore, stato d'animo
sciopero, rifiuto collettivo di lavorare da parte dei lavoratori per
protesta
scompartimento, "le stanze" del treno
rituale, modo di comportarsi che si ripete
viaggiatore, persona che viaggia
libro giallo, libro poliziesco, come i libri di Agatha Christie
allegrare, far diventare allegro

storia raccontata nel romanzo giallo lo pigliò talmente
che, quando gli venne di guardare l'orologio, scoprì che
mancava poco all'arrivo a Messina. Si spogliò e andò a
letto, continuando a leggere. Quando il treno entrò in
5 stazione, chiuse il libro e spense la luce. All'entrata del
compagno di viaggio voleva fare finta di dormire.

Però anche quando il treno salì sul *traghetto*, il letto
inferiore rimase vuoto. Montalbano cominciava a scio-
gliersi alla *contentezza* quando la porta dello scomparti-
10 mento si aprì e il viaggiatore fece il suo temuto ingresso. Il commissario, per un attimo e alla scarsa luce che
veniva dal *corridoio*, ebbe modo di *intravedere* un uomo
in un *cappottone* largo e pesante, una valigetta in mano.

cappottone

---

traghetto, nave
contentezza, l'essere contenti
corridoio, ingresso lungo e stretto
intravedere, vedere in modo incerto e confuso

Il nuovo venuto si sedette sul lettino e non si mosse più, non fece neanche il più piccolo movimento, non accese nemmeno la luce piccola, quella che permette di vedere senza dare disturbo agli altri. Per oltre un'ora se ne stette così senza muoversi. Se non fosse stato che 5 respirava pesantemente come dopo una lunga corsa dalla quale era difficile ripigliarsi, Montalbano avrebbe potuto pensare che il letto di sotto era ancora vuoto. Il commissario finse di dormire e cominciò a *russare* leggermente, con gli occhi chiusi, però come fa il gatto 10 che pare che dorme e invece se ne sta a contare le stelle del cielo una ad una.

E tutto a un tratto, senza accorgersene, *sprofondò* nel sonno vero, come mai gli era successo.

Si svegliò per il freddo, il treno era fermo a una sta- 15 zione: Paola. Il finestrino era completamente aperto, le luci gialle della stazione illuminavano discretamente lo scompartimento.

Il compagno di viaggio, ancora vestito del cappottone, stava ora seduto ai piedi del letto, la valigetta era 20 aperta. Stava leggendo una lettera. Finito che ebbe, la *stracciò* a lungo. Guardando meglio, il commissario vide che il *mucchio* bianco formato dalle lettere stracciate era abbastanza alto. Quindi la storia durava da un pezzo, lui aveva dormito due ore o poco o meno. 25

Il treno si mosse, acquistò velocità, ma solo fuori dalla stazione l'uomo stancamente si alzò, raccolse con le mani metà del mucchietto e la fece volare via fuori dal finestrino. Ripeté il gesto, quindi, dopo un momento di

russare, fare rumore respirando durante il sonno
sprofondare, cadere profondamente
stracciare, strappare in molti pezzi
mucchio, quantità

incertezza, *afferrò* la valigetta ancora in parte piena di
lettere da rileggere e da stracciare e la buttò fuori dal
finestrino. Da come tirava su col naso, Montalbano
capì che l'uomo stava piangendo. Poi il compagno di
5 viaggio tirò fuori dalla tasca posteriore dei pantaloni un
oggetto che gettò all'esterno con forza.

afferrare, prendere con forza

44

Il commissario ebbe la certezza che l'uomo si fosse liberato di una pistola.

Richiuso il finestrino, lo sconosciuto si gettò a corpo morto sul letto. Ricominciò a piangere. Montalbano, imbarazzato, aumentò il suo *finto* russare. 5

A poco a poco l'uomo del letto di sotto cadde in un sonno agitato.

Quando capì che mancava poco per arrivare a Napoli, il commissario scese dalla scaletta, trovò i suoi abiti, pigliò a vestirsi: il compagno di viaggio sempre con il 10 cappotto addosso, gli voltava le spalle. Però Montalbano, sentendone il respiro, ebbe l'impressione che l'altro fosse sveglio e che non volesse darlo a vedere, un po' come aveva fatto lui stesso nella primissima parte del viaggio. 15

Montalbano notò per terra un pezzo bianco di carta, lo raccolse, aprì la porta, uscì rapidamente nel corridoio, richiuse la porta alle sue spalle. Era una cartolina quella che aveva in mano e rappresentava un cuore rosso contro un cielo *azzurro*. Era stata mandata all'indirizzo del ragioniere Mario Urso, via della Libertà numero 22, Patti (provincia di Messina). Cinque sole parole di testo: "ti *penzo* sempre con amore" e la firma, "Anna".

Il treno non si era ancora fermato che già il commissario correva alla disperata ricerca di qualcuno che vendesse caffè. Non ne trovò, dovette arrivare nell'*atrio* centrale e precipitarsi all'*edicola* a comprare il giornale.

---

finto, che non è vero
azzurro, colore blu del cielo
penzo, penso
atrio, entrata, hall
edicola, negozio in cui si vendono giornali e libri

Fu necessario mettersi a correre perché il treno stava ripartendo. In piedi nel corridoio stette un po' a riprendere fiato, poi cominciò a leggere cominciando dai *fatti di cronaca*, come faceva sempre. E quasi subito l'occhio gli cadde su una notizia, che veniva da Patti (provincia di Messina). Poche righe, tante quante il fatto meritava.

Un ragioniere cinquantenne, Mario Urso, sorpresa la giovane moglie, Anna Foti, con R.M., di anni trenta, l'aveva ammazzata con tre colpi di pistola. R.M., l'amante, che in precedenza si era più volte pubblicamente preso gioco del marito tradito era stato risparmiato, ma si trovava all'ospedale per lo *choc* subito. Le ricerche dell'assassino continuavano, impegnando Polizia e Carabinieri.

Il commissario non entrò più nel suo scompartimento, rimase in corridoio a fumare una sigaretta dopo l'altra. Poi, che già il treno camminava lentissimo nella stazione di Roma, si decise ad aprire la porta.

L'uomo, sempre con il cappottone addosso, si era messo seduto sul letto, le braccia strette attorno al petto. Non vedeva, non sentiva.

Il commissario si fece coraggio, entrò dentro. Pigliò la sua valigia e quindi posò gentilmente la cartolina sulle ginocchia del suo compagno di viaggio.

"Buona fortuna, ragioniere" gli disse a bassa voce.

E si *accodò* agli altri viaggiatori che si preparavano a scendere.

---

fatti di cronaca, notizie su cose accadute
choc, emozione improvvisa e violenta
accodarsi, mettersi in coda, in fila

MIRACOLI DI TRIESTE

Si può essere *sbirri* di nascita, avere nel sangue l'*istinto* della caccia e allo stesso tempo coltivare buone letture? Salvo Montalbano lo era e, se qualcuno gli rivolgeva la domanda, non rispondeva. Una volta sola, ch'era particolarmente d'umore nero rispose *malamente*:   5

"Lei lo sa chi era Antonio Pizzuto?"

"No."

"Era uno che aveva fatto carriera nella polizia, *questore*, capo dell'Interpol. A settant'anni, andato in pensione, cominciò a scrivere. E diventò un grande *scrittore*. Era siciliano."   10

L'altro rimase senza parole.

Scese dal treno che l'aveva portato a Trieste. Era una mattina chiara, e lui, che soffriva di cambiamenti d'umore a seconda di come cambiava la giornata, sperava   15
di poter restare fino a sera con lo stesso stato d'animo di quel momento, aperto a ogni situazione, a ogni incontro.

Si fermò a comprare il giornale. Nel *portafoglio* aveva solo biglietti da cinquanta e da centomila lire. Ne   20
porse uno da cinquanta con scarse speranze.

"Non ho da dargli il resto," fece infatti l'*edicolante*.

"Neanche io" disse Montalbano, e s'allontanò.

Subito però tornò indietro, aveva trovato la soluzione. Al giornale aggiunse due romanzi gialli scelti a caso   25

---

sbirro, poliziotto
istinto, sensazione indipendente della ragione
malamente, in modo cattivo
questore, funzionario di alto grado che lavora nella polizia.
scrittore, persona che scrive libri
portafoglio, borsa molto piccola per i soldi
edicolante, chi ha un'edicola

e l'edicolante stavolta gli diede trentacinquemila lire di
resto. Si avviò verso i taxi.

Le mani che all'improvviso gli afferrarono la giacca
all'altezza del petto, appartenevano a un cinquantenne
5 con gli occhiali, vestito con cura. Il cinquantenne ave-

48

va *inciampato*, se non si fosse istintivamente *aggrappato* a Montalbano e se il commissario, altrettanto istintivamente, non l'avesse *sorretto*, sarebbe andato a finire per terra.

"Mi scusi tanto, sono inciampato" fece l'uomo *vergo-* ⁵ *gnoso*.

"Ma le pare!" disse il commissario.

L'uomo si allontanò e Montalbano, ormai fuori dalla stazione, s'avvicinò al primo taxi, fece per aprire lo *sportello* e in quel preciso momento *si rese conto* che non ¹⁰ aveva più il portafoglio.

"Ma come?" Questo era il *benvenuto* che gli dava una città che aveva sempre amato?

"Si decide o no?" chiese il *tassista* al commissario che aveva aperto lo sportello, l'aveva richiusa e ora la stava ¹⁵ nuovamente aprendo.

"Senta, mi faccia un favore. Porti questa valigia e questi libri al Jolly. Mi chiamo Montalbano, ho *preno-* *tato* una camera. Io verrò dopo, ho un'altra cosa da fare. Ventimila bastano?" ²⁰

"Bastano" fece il tassista che partì subito, dato che il Jolly era vicino ma Montalbano non lo sapeva.

L'uomo che gli aveva rubato il portafoglio certamen-te doveva trovarsi qui vicino. Perse una mezz'ora a guardare e a riguardare dentro alla stazione. Uscito su ²⁵

---

inciampare, stare per cadere
aggrapparsi, attaccarsi
sorreggere, sostenere
vergognoso, con vergogna
sportello, porta di una macchina
rendersi conto, capire
benvenuto, saluto
tassista, chi guida il taxi
prenotare, riservare

piazza della Libertà, rivide il *borseggiatore* che camminava tra le macchine. Aveva appena finito di fare la stessa scena con un signore.

Il borseggiatore era sparito di nuovo. Poco dopo a
5 Montalbano parse di vederlo, si dirigeva verso corso Cavour.

Può un commissario di polizia mettersi a correre dietro a uno gridando "al ladro, al ladro"? No, non può. L'unica era di camminare più veloce, tentare di rag-
10 giungerlo.

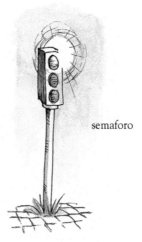

semaforo

Un *semaforo* rosso bloccò Montalbano. Ebbe così modo d'assistere a un altro spettacolo del borseggiatore: questa volta la vittima era un sessantenne, elegantissimo. Il commissario non poté fare a meno di ammirare
15 la *bravura* del ladro.

---

borseggiatore, ladro che ruba le borse o dalle borse
bravura, l'essere bravi

Ma intanto dov'era andato a finire?. Era inutile continuare la ricerca. E poi in quale direzione? Lentamente tornò indietro.

Fu una tranquilla passeggiata di ritorno. Si godé tutto l'odore dell'Adriatico, tanto diverso da quello del 5 mare della sua terra.

La sua valigia era già stata portata in camera, spiegò in *portineria* che il *documento di riconoscimento* l'avrebbe dato dopo.

Per prima cosa telefonò alla *questura*, chiese del 10 commissario Protti, suo amico di sempre.

"Montalbano sono."

"Ciao, come stai? Sei *in anticipo*, il *convegno* inizia alle quindici. Vieni a pranzo con me? Ti passo a prendere al Jolly, d'accordo?" 15

"Sì, ti ringrazio. Senti, ti devo dire una cosa, ma se ti metti a ridere giuro che vengo lì e ti *spacco* la faccia."

"Che ti è successo?"

"Sono stato *derubato*. Il portafoglio. Alla stazione."

Dovette aspettare cinque minuti col telefono in 20 mano, il tempo che Protti si riprese dalla *risata*.

"Scusami, ma non ce l'ho fatta. Hai bisogno di moneta?"

"Me li dai quando ci vediamo. Cerca di darmi una mano coi tuoi colleghi a ritrovare almeno i documenti, 25

---

portineria, la reception
documento di riconoscimento, carta d'identità, documento con la foto e l'indirizzo di una persona.
questura, sede della polizia
in anticipo, arrivare prima del tempo stabilito
convegno, riunione di più persone per discutere
spaccare, rompere
derubare, rubare qualcosa a qualcuno
risata, l'atto del ridere

sai, la *patente*, il *bancomat* …"

Mentre la risata di Protti ricominciava, Montalbano interruppe la telefonata, si spogliò, si mise sotto la *doccia*, si rivestì, fece una lunga telefonata a Mimì Augel-
5 lo, il suo vice di Vigàta, e un'altra a Livia, la sua donna, a Boccadasse, Genova.

Quando scese nella hall, il *portiere* lo chiamò e il commissario si agitò. Quello sicuramente voleva i documenti. Che poteva raccontargli per guadagnare
10 tempo?

"Dottor Montalbano, hanno portato questa *busta* per lei."

Era una busta grande col suo nome scritto. Era stata portata a mano. L'aprì. Dentro c'era il portafoglio. E
15 dentro il portafoglio c'era tutto quello che lui ci aveva messo, patente, bancomat, cinquecentocinquantamila lire.

busta   portiere

---

patente, documento che serve per guidare l'automobile
bancomat, carta di credito
doccia, bagno con l'acqua che scorre dall'alto
portiere, chi lavora nella portineria

Che miracolo era? Che veniva a significare? Come aveva fatto il borseggiatore a sapere in quale albergo abitava? L'unica spiegazione possibile era che il ladro, capendo d'essere seguito, si fosse nascosto e quindi avesse seguito il derubato fino all'albergo.

Ma perché si era *pentito* del suo gesto? Forse si era accorto, guardando i documenti, che il derubato era uno sbirro e aveva preso paura? Ma via! Non reggeva.

La prima cosa che Protti gli chiese fu:

"Me la racconti meglio questa storia del portafoglio?"

"Ah, scusami, dovevo telefonarti subito, ma mi hanno chiamato da Vigàta. La tasca della giacca era *scucita* e il portafoglio m'è *scivolato* all'interno della fodera."

Protti lo guardò dubitativo, ma non disse niente.

Al convegno erano presenti un trecento poliziotti di tutt'Italia. Invitato a sedersi sul *palco*, il commissario, cominciò a guardare a uno a uno quelli che stavano in *platea*, alla cerca di una faccia conosciuta.

E la trovò, infatti, una faccia che aveva visto per pochi secondi, ma che gli era *rimasta impressa*: era il borseggiatore, non c'era dubbio. Era il borseggiatore e gli stava sorridendo.

Può un commissario, a un convegno di poliziotti, sal-

---

pentirsi, provare dolore per aver fatto qualcosa di sbagliato
scucito, non cucito bene
scivolare, cadere, scivolare sul ghiaccio
fodera, la stoffa all'interno della giacca
palco, ciascuna delle stanze su diversi piani per piccoli gruppi di spettatori aperte verso la sala teatrale
platea, il piano terra in un teatro
rimanere impresso, fare impressione

tare giù dal palco e *agguantare* uno che tutti credono un collega, gridando che è un ladro? No, non può.

Sempre guardando fisso, sempre sorridendo, il ladro si levò gli occhiali e fece una faccia *comica*.

5 E allora Montalbano lo riconobbe. Genuardi! Impossibile sbagliarsi, era proprio Totuccio Genuardi, un suo compagno di liceo, quello che faceva ridere la classe, ce n'è sempre uno. Già fin d'allora bravissimo con le sue mani.

10 E adesso che fare?

Quando finalmente venne dato l'*intervallo* – caffè, fece per scendere dal palco ma venne fermato da un collega. Se ne liberò prima che poté, ma Totuccio era scomparso.

15 Cercò e cercò e finalmente lo vide. Lo vide e *aggelò*. Totuccio aveva appena portato a termine la sua solita scena col questore Di Salvo e si stava scusando, fintamente imbarazzato. Il questore, che era un gran signore, gli batté una mano sulla spalla e gli aprì lui stesso la 20 porta per farlo uscire. Totuccio gli sorrise, uscì, si perse tra la gente.

agguantare, afferrare
comico, che fa ridere
intervallo, pausa
aggelare, diventare come ghiaccio, agghiacciare

54

IL VECCHIO LADRO

Orazio Genco aveva sessantacinque anni fatti ed era ladro di case. Romildo Bufardeci aveva sessantacinque anni fatti ed era un'ex *guardia giurata*. Orazio era più piccolo di Romildo di una settimana esatta. Orazio Genco era conosciuto in tutta Vigàta e zone vicine per due motivi: il primo, lo si è detto, come ladro d'appartamenti vuoti; il secondo perché era un uomo gentile, buono. Romildo Bufardeci, quando ancora stava in servizio, veniva chiamato "il *sergente* di ferro" per la *durezza* che tirava fuori contro chi, a suo parere, aveva *violato* la "*liggi*". L'attività di Orazio Genco iniziava ai primi d'ottobre e terminava alla fine dell'aprile dell'anno dopo: era il periodo che i *proprietari* delle case lungo il mare tenevano chiusi i loro appartamenti d'estate. *Corrispondeva*, su per giù, al periodo nel quale la *sorveglianza* di Romildo Bufardeci veniva maggiormente richiesta. La zona di lavoro di Orazio Genco andava da Marinella alla Scala dei Turchi: la stessa di Romildo Bufardeci. La prima volta che Orazio Genco venne arrestato per *furto con scasso* aveva diciannove anni (ma la carriera l'aveva cominciata a quindici). A consegnarlo ai carabinieri era stato Romildo Bufardeci, anche lui al suo primo arresto come custode della "liggi".

---

guardia giurata, persona che fa la guardia privata
sergente, grado nel militare, qui persona di carattere duro
durezza, l'essere duri
violare, non rispettare
liggi, dialetto siciliano per legge
proprietario, persona che possiede qualcosa
corrispondere, essere uguale a
sorveglianza, guardia, il tenere d'occhio
furto con scasso, furto con rottura di porte o finestre

55

Negli anni che vennero dopo, Romildo arrestò Orazio altre tre volte. Dopo, quando Bufardeci venne messo in pensione per via che un grandissimo cornuto di ladro d'automobili gli aveva sparato al fianco (e Orazio era andato a trovarlo all'ospedale), Genco viveva meglio, nel senso che la guardia che aveva sostituito Romildo non aveva lo stesso rispetto per la "liggi". I lunghi anni passati a fare la sorveglianza, quando gli altri dormivano, avevano lasciato una specie di *deformazione professionale* in Romildo Bufardeci che poteva pigliare sonno solo quando spuntava la prima luce del mattino. Le notti le passava a guardare i programmi alla televisione.

Certe notti invece, quando era sereno, montava sulla bicicletta e si metteva a passeggiare in quello che una volta era il *territorio* affidato alla sua sorveglianza: da Marinella alla Scala dei Turchi.

Siccome che si era a metà del mese di ottobre e quella particolare notte si presentava da parere estate, Romildo non ce la fece più a guardare la televisione. Spense il televisore, s'assicurò che la moglie dormisse, uscì di casa, montò sulla bicicletta e s'avviò da Vigàta verso Marinella.

Il tratto di costa che arrivava fino alla Scala dei Turchi pareva morto.

Dopo tre ore di avanti e indietro, il cielo apparse a *levante* come una ferita chiara che mezz'ora dopo cominciò a *tingere* ogni cosa di viola.

---

deformazione professionale, modo di comportarsi causato dal lavoro
territorio, zona
levante, là dove si alza il sole
tingere, dare colore

Fu in quella particolare luce che Romildo Bufardeci vide un'ombra che usciva dal *cancello* del giardinetto di una villetta ch'era stata finita di costruire tre anni prima. L'ombra si muoveva con calma, tanto da richiudere il cancello, non con la chiave però, in tutto e per tutto uguale a uno che stesse uscendo dalla sua casa per andarsene a lavorare. Pareva non essersi accorto di Romildo Bufardeci il quale lo stava attentamente a guardare.

L'ombra pigliò la strada per Vigàta, come se avesse a disposizione tutto il tempo che voleva. Ma Bufardeci aveva troppa esperienza per lasciarsi prendere in giro dall'apparente tranquillità dell'altro e infatti a un certo punto ripartì in bicicletta.

Aveva riconosciuto l'ombra senza possibilità di dubbio.

"Orazio Genco!" chiamò.

L'*interpellato* si fermò un istante, non si voltò, poi si mise a correre. Stava evidentemente scappando. Vuoi vedere che non era Orazio ma il padrone della villa che si era spaventato di quella voce? No, era sicuramente Orazio. E Romildo ripigliò con più voglia l'*inseguimento*.

Nonostante i suoi sessantacinque anni Genco, saltava *ostacoli* che invece Romildo, a causa della bicicletta, era costretto a girare intorno. Orazio passò il Ponte di Ferro e arrivò a Cannelle dove iniziavano le prime case di Vigàta. Qui non ce la fece più e *crollò*. Aveva il fiato

cancello, ingresso di un giardino
interpellato, persona a cui si rivolge la parola
inseguimento, corsa per raggiungere una persona
ostacolo, oggetto che chiude il passaggio
crollare, cadere dalla fatica

grosso, dovette mettersi una mano sopra il cuore per invitarlo a calmarsi.

"Chi te l'ha fatto fare di metterti a correre così?" gli chiese Romildo appena l'ebbe raggiunto.

5   Orazio Genco non rispose.

"Riposati un po" fece Bufardeci "e poi andiamo."

"Dove?" chiese Orazio.

"Come dove? Al commissariato, no?"

"A fare che?"

"Ti consegno a loro, sei in arresto."

"E chi m'arrestò?'"

"Io t'*arrestai*."

"Non puoi più, sei in pensione."

"Che c'entra la pensione? Qualsiasi cittadino, davanti a un *reato*, ha il preciso dovere."

"Ma che vai raccontando, Romi? Quale reato?"

"Furto con scasso. Vuoi negare che sei uscito dal cancello di una villa non abitata?"

"E chi lo nega?"

"Perciò vedi che…"

"Romi, tu m'hai visto uscire non dalla porta della villa, ma dal cancello del giardino."

"Fa differenza?"

"La fa, e la fa grande come una casa."

"Sentiamo."

"Io non sono entrato mai dentro la villa. Sono entrato nel giardinetto perché mi scappava un bisogno e c'era il cancello mezzo aperto."

"Andiamo al commissariato lo stesso. Ci penseranno loro a farti dire la verità."

"Romi, tu non mi ci porti neanche con le catene. Ma stavolta ti dico: andiamoci. Così fai una brutta figura davanti agli sbirri."

Al commissariato c'era di servizio l'agente Catarella al quale il commissario Montalbano affidava compiti di telefonista.

"Dottore" fece Fazio appena vide, verso le otto del

---

arrestai, il passato remoto è molto usato nell'Italia meridionale anche per esprimere cose appena successe
reato, l'atto di violare la legge

mattino, *comparire* in ufficio Salvo Montalbano. E gli raccontò la storia tra Orazio Genco e Romildo Bufardeci.

"In tasca aveva solo la carta d'identità, diecimila lire, le chiavi di casa sua e quest'altra chiave, nuova nuova, che mi pare una copia fatta bene."

La porse al superiore. Era una di quelle chiavi impossibili a essere *riprodotte*. Ma per Orazio Genco, con tutta l'esperienza che si ritrovava, la cosa doveva essere stata solamente un po' più *impegnativa* del solito.

"Orazio ha protestato?"

"Chi? Genco? Dottore, quello ha un atteggiamento curioso. Non me la racconta giusta. Mi pare che si stia divertendo."

"E che fa?"

"Ogni tanto dà un'occhiata a Bufardeci e *ridacchia*."

"Bufardeci è ancora qua?"

"Certo. Sta attaccato a Orazio. Non lo *molla*. Dice che vuole vedere con i suoi occhi Genco spedito in carcere."

"Sei riuscito a sapere chi è il proprietario della villa?"

"Sì. E' l'avvocato Francesco Caruana di San Biagio Platani. Ho trovato il numero di telefono."

"Telefonagli. Digli che abbiamo motivo di ritenere che nella sua villa al mare sia stato commesso un furto. Fagli sapere che a mezzogiorno l'aspettiamo là. Noi due invece ci andiamo una mezz'ora prima a dare un'occhiata."

comparire, presentarsi
riprodurre, fare una copia
impegnativo, che richiede impegno
ridacchiare, ridere con tono di chi si fa gioco di qualcuno
mollare, lasciare

Mentre andavano in macchina verso la Scala dei Turchi, Fazio disse al commissario che al telefono aveva risposto la signora Caruana. All'appuntamento sarebbe venuta lei, dato che il marito era a Milano per affari.

"Vuole sapere una cosa, dottore? Dev'essere una donna fredda di carattere."

"Come fai a saperlo?"

"Perché quando le dissi del possibile furto, non disse una parola."

Come Montalbano e Fazio avevano previsto, la chiave trovata in tasca a Orazio Genco apriva perfettamente la porta della villa. I due ne avevano visti d'appartamenti messi *sottosopra* dai ladri, ma qui tutto era in ordine, niente cose gettate a terra. Al piano di sopra c'erano due camere da letto e due bagni. Montalbano *aspirò* profondamente.

"Anch'io lo sento" fece Fazio.

"Cosa senti?"

"Quello che sta sentendo lei, fumo di *sigaro*."

Nella camera da letto c'era tanto fumo di sigaro che certamente non era dell'estate passata.

Qualcuno, magari il giorno prima, era stato in quella villa.

"Andiamo ad aspettare fuori la signora e richiudi la porta a chiave. Mi raccomando, Fazio: non dirle che siamo già entrati."

Fazio s'offese.

"E che sono, un ragazzino?"

---

sottosopra, in grande disordine
aspirare, tirare dentro l'aria per sentire un profumo
sigaro, tipico prodotto da fumo cubano

Si misero ad aspettare davanti al cancello. La macchina con la signora Caruana arrivò con pochi minuti di ritardo. *Al volante* c'era un bell'uomo quarantenne, alto, elegante, pareva un *attore* americano. Si precipitò
5 ad aprire la portiera da perfetto cavaliere. Ne scese Betty Boop, una donna ch'era come il famoso personaggio dei vecchi *cartoons*. Perfino i capelli aveva tagliati allo stesso modo.

"Sono l'ingegnere Alberto Caruana. Mia *cognata* ha
10 tanto insistito perché l'accompagnassi."

"Sono rimasta così impressionata!" fece Betty Boop.

"Da quand'è che non viene in villa?" chiese Montalbano.

"L'"abbiamo chiusa il trenta d'agosto."

15 "E da allora non ci è più tornata?"

"A che fare?"

Si mossero, passarono il cancello, attraversarono il giardino, si fermarono davanti alla porta.

"Vai avanti tu, Alberto" disse la signora Caruana al
20 *cognato*.

E gli porse una chiave.

Con un sorriso alla Indiana Jones, l'ingegnere aprì la porta e si rivolse al commissario.

"Non è stata rotta!"

25 "Pare di no" disse Montalbano.

Entrarono. La signora accese la luce, si guardò intorno.

"Ma qui non è stato toccato niente!"

"Guardi bene."

essere al volante, guidare
attore, persona che fa film o teatro
cartoons, cartoni animati, i cartoni animati di Walt Disney
cognata, moglie del fratello
cognato, fratello del marito

La signora aprì nervosamente *vetrinette*, mobiletti, scatolettine.

"Niente".

"Andiamo su", disse Montalbano.

Alla fine Betty Boop aprì la piccola bocca fatta a cuore.

"Ma siete sicuri che i ladri siano venuti qui?"

"Ce l'hanno telefonato. Si vede che si sono sbagliati. Meglio così, no?"

Fu un attimo: Betty Boop e il finto attore americano si scambiarono un'occhiata rapidissima di *sollievo*.

Montalbano si scusò per aver fatto perdere loro del tempo.

Come per levare ogni dubbio nel commissario e in Fazio, una volta in macchina, l'ingegnere accese un grosso sigaro.

"Manda via Bufardeci. Fallo malamente, digli che mi ha fatto perdere la mattinata e che non mi rompesse più le scatole."

"Metto in libertà anche Orazio Genco?"

"No. Mandamelo in ufficio. Gli voglio parlare."

"Orazio entrò nella stanza del commissario che gli occhi gli brillavano dalla contentezza per aver fatto fare a Bufardeci la brutta figura che gli aveva promesso.

"Che mi vuole dire, commissario?"

"Che sei un grandissimo *figlio di puttana*."

Tirò fuori dalla tasca la chiave copiata, la fece vedere al vecchio ladro.

---

vetrinetta, piccolo mobile con sportelli di vetro
sollievo, qualcosa che toglie la paura
figlio di puttana, persona furba o disonesta

"Questa apre perfettamente la porta della villa. Bufardeci aveva ragione. Tu in quella casa ci sei entrato, solo che non era vuota, come pensavi. Ora ti devo dire una cosa, stammi bene attento. Mi sta venendo la voglia di trovare una scusa qualunque per mandarti ora stesso in carcere."

Orazio Genco non parse spaventarsi.

"Cosa posso fare per fargliela passare, la voglia?"

"Raccontami come andò la cosa."

Si sorrisero, da sempre si erano pigliati in simpatia.

"M'accompagna alla villa, commissario?"

"Ero sicuro, sicurissimo, che dentro alla villa non ci fosse nessuno. Quando arrivai, né davanti al cancello né *nelle vicinanze* c'erano macchine. Stetti ad aspettare almeno un'ora prima di muovermi. Tutto morto, neanche le foglie si muovevano. La porta si aprì subito. Vidi che nella vetrinetta c'erano delle piccole statue di qualche valore. Appena aprii la vetrinetta, sentii una voce di donna che gridava: "No! No! Dio mio! Muoio!" Per un attimo aggelai. Poi, senza pensarci, corsi al piano di sopra per dare una mano d'aiuto a quella poverina. Ah, commissario mio, quello che mi si presentò nella camera da letto! Una donna e un uomo, nudi! L'uomo si accorse di me."

"E come?..."

"Vede, commissario" fece Orazio Genco. Appena mi vide, l'uomo, si alzò e m'afferrò per la gola. "T'ammazzo! T'ammazzo!" La donna si ripigliò subito dalla sorpresa e ordinò all'amante di lasciarmi. Che fosse l'amante e non il marito lo capii dalle parole che disse:

---

nelle vicinanze, vicino a

64

"Alberto, per carità, pensa allo *scandalo*!" E quello mi lasciò."

"E vi siete messi d'accordo."

"I due si sono rivestiti, l'uomo ha acceso un sigaro e abbiamo parlato. Quando abbiamo finito, li ho avverti- 5
ti che avevo visto passare l'ex guardia Bufardeci: quello vedendoli uscire dalla villa li avrebbe sicuramente fermati e lo scandalo ci sarebbe stato lo stesso."

"Un attimo, fammi capire, Orazio. Tu avevi visto Bufardeci e hai lo stesso tentato il furto?" 10

"Commissario, ma io non lo sapevo che Bufardeci c'era veramente! Me l'ero inventato per alzare il prezzo! Fecero una piccola somma in più e io m'*incaricai* di tirarmelo dietro in modo di dare a loro la possibilità d'arrivare alla macchina. E invece ho dovuto mettermi 15
a correre sul serio perché Bufardeci c'era davvero."

Erano arrivati alla villa. Montalbano fermò la macchina, Orazio uscì.

"M'aspetta un momento?"

Entrò nel cancello, ricomparve quasi subito, in mano 20
aveva un *mazzo* di *banconote*.
Montò in macchina.

"Li avevo nascosti. Ma stavo in pensiero a tenerli così. Due milioni, mi hanno dato."

"Ti do un passaggio fino a Vigàta?" chiese Montalba- 25
no.

"Se non la disturba" fece Orazio Genco appoggiandosi alla *spalliera*, in pace con se stesso e il mondo.

---

scandalo, azione contraria alla morale
incaricarsi, prendere un impegno
mazzo, un insieme
banconote, soldi, per esempio banconote da 100.000 lire
spalliera, sostegno per la schiena di una sedia

CINQUANTA PAIA DI
SCARPE CHIODATE

Gli americani, quando nel '43 *sbarcarono* in Sicilia, portarono l'uso degli *stivaletti* con la *suola* di gomma la conseguenza fu la fine dei duri *scarponi* chiodati che usavano tanto i soldati quanto i contadini. Michele
5 Borruso, proprietario di *capre* a Castro, durante la con-

stivaletti

suola

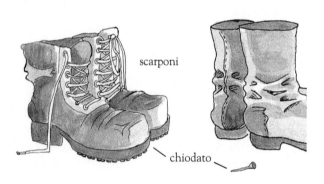

scarponi

chiodato

---

sbarcare, scendere a terra dal mare
capra, vedi illustrazione pag. 71

fusione dello *sbarco* alleato, derubò un magazzino militare italiano abbandonato e si portò a casa, tra le altre cose, cinquanta paia di scarponi. Quando morì, suo figlio Gaetano ereditò capre, *pascoli* e quarantotto paia di scarpe chiodate. Molti anni dopo, a Gaetano rubarono una trentina di capre e Borruso non solo non denunciò il furto ma neanche, in paese, espresse propositi di vendetta. E così i ladri ci riprovarono e fecero scomparire stavolta un centinaio d'animali visto che intanto gli affari di Borruso erano andati avanti bene. Quindici giorni dopo il secondo furto, Casio Alletto, un uomo *violento* che tutti in paese sapevano essere a capo di una *banda* che rubava qualsiasi bestia che si muovesse su quattro o due zampe, venne ritrovato ucciso a colpi di *bastone* e calci. *In fin di vita* lo trasportarono all'ospedale di Villalta dove arrivò morto. Che Gaetano Borruso ci avesse messo la firma era evidente: i segni delle scarpe chiodate sulla faccia di Casio Alletto parlavano chiaro.

Due giorni prima del fatto, il questore di Villalta aveva saputo che il commissario De Rosa, a Castro, si era fatto male cadendo da cavallo. Non avrebbe potuto quindi occuparsi della faccenda. Allora spedì Salvo Montalbano, che a quel tempo aveva di poco passato i trent'anni, a dare una mano al brigadiere Billè sulle cui spalle era venuto a cadere il peso, in verità assai leggero, di un'indagine che appariva semplicissima.

5

10

15

20

25

---

sbarco, l'atto dello sbarcare
pascolo, campo con erba dove far mangiare, pascolare, le capre
violento, che usa la forza fisica verso altre persone
banda, gruppo di delinquenti
bastone, oggetto di legno a cui ci si appoggia camminando
in fin di vita, quasi morto

Se leggera era l'indagine, non altrettanto poteva dirsi della *salita* che quella mattina Montalbano e Billè stavano facendo per arrivare allo *stazzo* dove Borruso si era costruito una stanza di pietre e nella quale abitava.

5 Coi soldi che aveva poteva certo permettersi una casa più comoda, ma la cosa non rientrava nelle tradizioni familiari dei Borruso che *caprari* non solo erano, ma ci tenevano anche ad apparire. Dopo essersi fatti almeno quattro chilometri in auto da Castro, Montalbano e
10 Billè avevano dovuto lasciare la macchina e avevano iniziato la faticosa salita, Billè davanti e Montalbano dietro, su un *viottolo*. Il primo quarto d'ora di salita (perché poi gli era venuto difficile governare il pensiero) era servito a Montalbano per programmare una
15 linea per l'*interrogatorio* di Burroso, che però, nel secondo quarto d'ora di salita, era diventato un proposito semplicissimo: appena si *contraddice*, l'arresto. Fatta mezz'ora di salita, Montalbano sentì la necessità di una *sosta*. Vergognandosene, lo disse al brigadiere e questi
20 gli rispose di portare ancora un po' di pazienza: tra poco si sarebbero potuti riposare, proprio a metà strada, nella casa di un contadino che Billè conosceva bene.

Quando arrivarono trovarono due uomini e una donna, seduti a lavorare intorno a un vecchio tavolo di legno.
25 "Buongiorno brigadiere" fece uno dei due uomini alzandosi. L'altro invece rimase seduto, portando due

salita, l'azione del salire
stazzo, luogo in cui si riparano gli animali
capraro, custode di capre
viottolo, via stretta non asfaltata in campagna
interrogatorio, il porre una o più domande per avere informazioni
contraddire, dire delle cose diverse in tempi diversi
sosta, pausa

dita alla *coppola*.

"Scusaci il disturbo, Peppi" disse il brigadiere " sono di passaggio col dottore Montalbano. Ce lo daresti un bicchiere d'acqua?"

"Acqua? Sedetevi che vi porto un vino che fa passa-re la stanchezza" fece Peppi avviandosi verso casa.

"No, scusi" fece ad alta voce Montalbano "io vorrei veramente un po' d'acqua."

Si sedettero al tavolo. L'uomo con la coppola conti-nuò il suo lavoro.

"Come va ora, Totò?" gli chiese il brigadiere.

"Meglio" rispose l'uomo.

"E' stato male?" chiese Montalbano mentre notava che Billè faceva la faccia confusa.

"Sì, sono stato male" disse Totò e di colpo guardò Montalbano negli occhi. "Secondo lei, che è un dotto-re, come ci si sente a stare sei mesi in carcere sapendo-si innocenti?"

"Il nostro amico qui presente" si provò a spiegare Bil-lè "è stato mandato in carcere dai carabinieri per uno sbaglio di persona. Si è trattato…"

"Ecco l'acqua e il vino!" interruppe Beppi uscendo dalla porta. Quando si alzarono per ripigliare il cammi-no, l'uomo con la coppola s'alzò, strinse la mano a Montalbano, tornò a guardarlo fisso e gli disse:

"Cercate di non fare la seconda con Tano Borruso."

"Che ha inteso dire?" chiese Montalbano dopo che avevano ripigliato la salita verso lo stazzo. Il brigadiere si fermò, si voltò.

"Ha inteso dire quello che lei ha capito. Non crede che Tano Borruso abbia ammazzato Casio Alletto."

| *coppola*, cappello che si usa in Sicilia, vedi illustrazione pag. 71

"E come fa a esserne sicuro?"

"Come lo sono tanti in paese."

"Anche lei, brigadiere?"

"Anch'io" affermò tranquillo Billè.

5   Montalbano restò in silenzio ancora cinque minuti poi parlò nuovamente.

"Vorrei che lei mi *chiarisse* il suo pensiero."

Nuovamente il brigadiere si fermò e si voltò.

"Posso farle una domanda io, dottore?"

10   "Certamente."

"Vede, il commissario De Rosa mi avrebbe detto di andare a pigliare Borruso e di portarglielo in commissa-riato. Lei, invece, quando le ho chiesto se voleva che andassi a pigliarlo, mi ha risposto che preferiva venire

15 su lei stesso, anche se era, com'è, una fatica. Perché l'ha fatto?"

"Mah, brigadiere, forse perché mi pare giusto vedere le persone delle quali mi devo occupare nel loro ambiente quotidiano. Credo, o forse m'illudo, di capire

20 meglio come sono fatte."

"Ecco, precisamente questo, dottore: tutti, in paese sappiamo com'è fatto Tano Borruso."

"E com'è fatto?"

"E' fatto che non taglierebbe una pianta, figurarsi se

25 ammazza un uomo."

Sorrise, senza staccare gli occhi da Montalbano.

"Non se la piglia a male una cosa detta da uno che ha trent'anni di servizio nella polizia e che sta per andarsene in pensione?"

30   "No, dica pure."

"Mi sarebbe piaciuto tanto, quand'ero giovane lavo-rare ai suoi ordini."

---

chiarire, spiegare

70

pergolato

coppola

sgabello

capra

La casa di Gaetano Borruso consisteva in una sola stanza, ma piuttosto grande. Dietro c'era uno stazzo immen-
so. Davanti alla casa s'apriva uno *spiazzo* in un lato del
quale sorgeva un ampio *pergolato*. Proprio sotto il pergolato c'erano, cosa che stupì Montalbano, una venti- 5
na di *sgabelli*. Tre degli sgabelli erano occupati da contadini che discutevano. Le loro voci diventarono più
basse quando videro comparire il brigadiere e Montal-

spiazzo, ampio spazio aperto

71

bano. Il più anziano dei tre, che stava seduto di faccia agli altri due, alzò una mano e fece un gesto di scusa, come a dire che in quel momento era impegnato. Billè *assentì* e andò a pigliare due sgabelli che sistemò all'om-
5 bra, ma abbastanza lontano dal pergolato.

Si sedettero. Montalbano tirò fuori il pacchetto di sigarette, ne offrì anche a Billè che accettò.

Mentre fumava, Montalbano non poté trattenersi dal guardare di tanto in tanto verso i tre che continua-
10 vano a discutere. Il brigadiere a un certo momento parlò.

"Sta *amministrando*."

"Quei due lavorano per lui?"

"Borruso ha otto uomini che badano alle capre, fan-
15 no il formaggio e le altre cose. Le capre non sono solo quelle che lei vede qua, sono tante. Ma questi due non sono ai suoi ordini."

"E allora perché ha detto che Borruso sta amministrando? Cosa amministra?"

20 "La giustizia."

Montalbano lo guardò stupito. Con la gentilezza che si usa con i bambini il brigadiere spiegò.

"Dottore, è noto che Gaetano Borruso è uomo di *saggezza* e d'esperienza, sempre pronto a dare una mano, a
25 metterci una parola buona. E così la gente, quando c'è una discussione, un motivo di lite, a poco a poco ha pigliato l'abitudine di venirne a parlare a lui."

"E poi fanno quello che lui ha stabilito?"

"Sempre."

30 "E se decidono d'agire diversamente?"

---

assentire, essere d'accordo
amministrare, fare amministrazione, qui fare giustizia
saggezza, conoscenza dei fatti della vita

72

"Se hanno trovato una soluzione più giusta Borruso è sempre pronto a riconoscere d'avere sbagliato. Ma se invece la lite *degenera* e dalle parole passano ai fatti, Borruso non li vuole più vedere. E un uomo che Borruso non vuole più vedere è un uomo col quale non ci vuole più avere a che fare nessuno. Meglio che cambia paese. E per paese non intendo solo Castro."

"Uno splendido esempio di comportamento mafioso" non poté fare a meno di dire Montalbano.

"Lei, mi perdoni, se ragiona così *viene a dire* che la mafia non sa neanche dove sta di casa. Che gliene *viene in tasca* a Borruso di quello che fa?"

"Il potere."

"Le parlo da sbirro" disse il brigadiere dopo una pausa. "Ci risulta che Borruso non ha usato il suo potere che in una sola direzione: quella di evitare fatti di sangue. Lei ha conosciuto il commissario Mistretta che morì in un *conflitto a fuoco* sei anni fa?"

"Non ho avuto il piacere."

"Le *assomigliava*. Beh, lui dopo che ebbe frequentato Borruso, che aveva conosciuto per caso, lo sa che mi disse? Che Borruso era un re *pastore* sopravvissuto. E mi spiegò chi erano i re pastori."

Montalbano tornò a guardare verso il pergolato. I tre ora stavano in piedi, bevevano a *turno* da una bottiglia di vino che Borruso aveva tenuto a terra vicino allo sgabello. Non era un bere puro e semplice. Ognuno

---

degenerare, cambiare in peggio
venire a dire, significare
venire in tasca, guadagnare
conflitto a fuoco, scontro in cui si spara
assomigliare, essere simili a
pastore, custode di capre e pecorea
turno, uno dopo l'altro

bevve tre volte, poi si strinsero la mano. I due venuti a parlare con Borruso s'allontanarono dopo aver salutato senza parole, solo con gli occhi, Billè e Montalbano.

"Avanti, avanti" fece Borruso invitandoli con un ampio gesto a venire sotto il pergolato.

"Il dottor Montalbano e io" cominciò Billè "siamo qua per la faccenda dell'omicidio di Casio Alletto."

"Me l'aspettavo. Volete arrestarmi?"

"No" disse Montalbano.

"Volete interrogarmi?"

"No".

"Allora che volete?"

"Parlare con lei."

Montalbano avvertì un cambiamento nell'uomo che gli stava davanti, ora vide negli occhi che lo guardavano un'attenzione diversa. E lui stesso si stupì. Mentre faceva la salita verso lo stazzo non si era promesso d'arrestare Borruso alla prima contraddizione? Perché ora concedeva tempi lunghi all'incontro?

Si sedettero. E Montalbano vide, come con gli occhi di un altro, che lui e il brigadiere ora si trovavano nella stessa posizione, sugli stessi sgabelli che avevano occupato i due contadini venuti a domandare giustizia a Borruso. Solo che doveva essere al contrario: fino a prova contraria, erano lui e il brigadiere i rappresentanti della giustizia. E Borruso, se non l'*imputato*, almeno il sospettato. Ma Gaetano Borruso se ne stava seduto sul suo sgabello con la semplicità e nello stesso tempo l'autorità di un *giudice* naturale.

"Gradiscono un po' di vino?" chiese Borruso.

Billè accettò e bevve, Montalbano lo respinse con

imputato, chi è stato accusato per un delitto
giudice, persona che giudica

un gesto gentile.

"Non sono stato io ad ammazzare Casio Alletto" fece pianamente, tranquillamente Borruso "se l'avessi fatto, mi sarei già consegnato."

Ogni parola che viene detta *vibra* in un modo suo particolare, le parole che dicono la verità hanno una *vibrazione* diversa da tutte le altre.

"Perché pensate che sia stato io?"

"Perché si sa che è stato Alletto a far rubare le sue capre" disse Montalbano.

"Io non leverei la vita neanche a chi mi rubasse tutte le capre che possiedo."

"E poi c'è la faccenda delle scarpe chiodate. Come quelle che lei porta adesso."

Gaetano Borruso le guardò come se le vedesse per la prima volta.

"Queste le metto da cinque anni" disse. "Sono scarpe solide, scarpe buone. Negli anni che gli restarono a vivere dopo averle pigliate dal magazzino, mio padre riuscì a consumarne solo un paio. L'aveva ai piedi quando morì in campagna, mentre lavorava la terra. Io, quando lo vestii, gliene misi un paio nuove. Me ne restarono quarantotto."

"E ora come ora quante ne hai?"

Gaetano Borruso chiuse leggermente gli occhi chiarissimi.

"Questo è il secondo paio che porto, da un anno."
Ne resterebbero quarantasei perciò, però cinque paia le ho regalate a persone che ne avevano bisogno."

Colse qualcosa nell'espressione di Montalbano.

"Non si faccia falsa opinione, dottore. Le persone

vibrare, agitare nell'aria
vibrazione, l'atto del vibrare

75

alle quali le ho date sono vive e con la faccenda del-
l'ammazzatina non c'entrano. Di bisogno, potrà sempre
controllare. Non sto buttando la colpa su un altro."

"Quindi le restano quarantuno paia."

5 Tante dovrebbero essere, invece ne ho contate quaranta."

"Manca un paio?"

"Sissignore. Saputa questa storia che sulla faccia
Casio aveva i segni dei chiodi, andai a vedere perché
10 mi era venuto un certo pensiero."

"E cioè?"

"E cioè che m'avessero rubato un paio di scarpe e l'a-
vessero usate come l'hanno usate per far credere che
sono stato io. Venite con me."

15 Si alzarono, entrarono nell'unica stanza. Il letto a
sinistra, un tavolo con quattro sedie al centro, la cucina. Nella parete di destra si aprivano due porticine, da
una s'intravedeva il bagno. Borruso aprì l'altra e accese
la luce. Si trovarono in un ampio stanzino.

20 "Le scarpe sono lì" fece Borruso indicando una *scaffalatura*.

Montalbano quasi non riusciva a trattenere la *nausea*. Dal momento ch'era entrato nello stanzino un violento feto l'aveva pigliato allo stomaco.

25 Le scarpe erano sui quattro ripiani della scaffalatura,
ogni paio in carta di giornale. Borruso ne pigliò un
paio, tolse la carta, lo fece vedere a Montalbano. E questi allora capì cos'era il cattivo odore che lo faceva star
male: su ogni scarpa c'era un dito di *grasso*.

30 "Ce l'ho messo quindici giorni fa" disse Borruso "così

scaffalatura, mobile con più ripiani
nausea, l'effetto di un cattivo odore
grasso, sostanza grassa

si conservano come nuove."

Il brigadiere cominciò a contare e Montalbano a cercare di capire le date dei fogli di giornale. Erano tutti non recenti; una ventina di copie erano messe sul lato vuoto di uno dei ripiani. 5

"Me li sono fatti dare dal *tabaccaio* di Castro" spiegò Borruso, capendo quello che Montalbano stava pensando.

"…e quaranta" fece il brigadiere "le ho contate due volte." 10

"Usciamo" disse Montalbano.

L'aria fresca gli fece passare la nausea

Si sedettero di nuovo sotto il pergolato.

"Secondo lei questo ladro come avrebbe fatto a entrare in casa mentre lei non c'era?" 15

"Dalla porta" rispose Borruso. E aggiunse:

"Lascio tutto aperto. Non chiudo mai a chiave."

La prima cosa che Montalbano fece appena tornato a Villalta fu di correre dal medico legale, un vecchietto gentile. 20

"Dottore, mi deve scusare, ma ho necessità di un'informazione che riguarda il cadavere di Casio Alletto."

"Ancora non ho fatto il rapporto, ma mi dica."

"Sulla faccia, oltre ai segni dei chiodi, c'erano tracce 25 di grasso per scarpe?"

"Tracce?" fece il dottore. "Ce n'era mezzo *quintale*!"

---

tabaccaio, persona che vende tabacco
quintale, 100 kg

77

La mattina dopo Montalbano arrivò tardi a Castro. Entrò in commissariato e gli si parse davanti il brigadiere Billè sorridente.

"Credo proprio che Borruso non c'entri niente in questa storia. Le cose sono andate come ci ha detto, gli hanno rubato le scarpe per far sospettare di lui che qualche motivo contro Casio Alletto ce l'aveva. Bisogna ricominciare da capo."

Billè continuò a sorridere.

"Beh, che ha?"

"Ho che neanche un quarto d'ora fa ho arrestato l'assassino. Ha confessato. Io volevo avvertirla, ho telefonato in questura ma mi hanno detto che stava venendo qua."

"Chi è?"

"Cocò Sampietro, uno della banda di Casio, un mezzo-*scemo*."

"Come ha fatto?"

"Stamattina alle sette è arrivato al mercato uno che veniva da fuori a vendere. Era a cavallo. Gli ho visto le scarpe e m'è venuto un colpo. Ma non ho fatto niente. Gli ho chiesto dove le aveva comprate. M'ha detto, tranquillamente, che gliele aveva vendute la sera prima Cocò Sampietro. Allora ci siamo *appostati* e appena Sampietro è uscito da casa sua gli abbiamo messo le manette. Ha confessato subito. Ha detto che tutta la banda si era *ribellata* a Casio perché non stava ai patti."

"Ma se è un mezzo-scemo, come dice lei, forse non era in grado di pensare di far cadere la colpa su Borruso."

scemo, che non è molto intelligente
appostare, nascondersi per aspettare qualcuno
ribellarsi, rifiutare di ubbidire

"Ma non è stato lui. Ci ha detto che il piano l'ha organizzato Stefano Botta, ch'era il braccio destro di Casio."

"Complimenti."

"Grazie, dottore. Vuole venire con noi? Restano d'arrestare altre cinque persone."

Montalbano ci pensò sopra solo un momento.

"No" disse "andateci voi. Io vado a trovare il re pastore. Sarà contento di sapere che la faccenda è finita."

LO SCIPPATORE

Le poche volte che il questore l'aveva mandato a rappresentare la Questura di Montelusa in convegni, il commissario Montalbano aveva pigliato la cosa come una *punizione* o un'offesa personale. I suoi *contributi* alla
5 discussione generale si risolvevano in una quindicina di righe, scritte male e lette peggio. Il suo discorso era previsto in programma per le 10 e 30 del terzo giorno dei lavori, ma già alla fine della prima giornata il commissario era stanco, stava a chiedersi come avrebbe fatto a
10 resistere per ancora due giorni. A Palermo stava all'albergo Centrale, scelto in base al fatto che i suoi colleghi italiani e stranieri erano scesi in altri alberghi. Unica luce in tanto buio, l'invito a cena di Giovanni Catalisano, suo compagno di scuola dalle elementari al
15 liceo. Alla fine della seconda giornata di lavori, dopo che avevano parlato i rappresentanti dell'Inghilterra, della Germania, e dell'Olanda in inglese, tedesco e olandese, Montalbano si sentiva la testa come un pallone. Perciò fu veloce a buttarsi nella macchina dell'a-
20 mico Catalisano ch'era passato a pigliarlo. La cena riuscì superiore all'*aspettativa* e la conversazione che ad essa fece seguito fu assai *rilassante*. Guardando l'orologio per caso, il commissario vide che era quasi l'una di notte: Si alzò, salutò la coppia affettuosamente, rifiu-
25 tando l'*accompagnamento* che l'amico gli aveva offerto.

> *scippatore*, persona che strappa e ruba con forza qualcosa a qualcuno di mano o di dosso
> *punizione*, pena da scontare
> *contributo*, ciò che ciascuno dà per partecipare a qualcosa
> *aspettativa*, una cosa che si aspetta
> *rilassante*, che fa riposare
> *accompagnamento*, l'atto dell'accompagnare

"L'albergo è vicino, dieci minuti di strada mi faranno bene."

Appena fuori dal portone ebbe due sorprese: pioveva e faceva un freddo da tagliare la faccia. Allora decise di arrivare in albergo pigliando certe piccole stradine che gli pareva di ricordare. Aveva in mano una valigetta che gli avevano dato al convegno: con la mano sinistra se la tenne sulla testa per ripararla un po' dalla pioggia. Dopo avere camminato per *vicoli* solitari e male illuminati *si perse d'animo*: certamente stava sbagliando strada. Se avesse accettato l'offerta di Catalisano, a quest'ora sarebbe già stato nel caldo della sua camera. Mentre se ne stava fermo in mezzo al vicolo, incerto a scegliere, ripararsi o proseguire coraggiosamente, sentì il rumore di una motocicletta che si avvicinava alle sue spalle. Si spostò per darle strada, ma venne di colpo *intronato* dal potente rumore della moto. Fu un attimo e qualcuno ne approfittò per cercare di *scippargli* la valigetta che ancora teneva sulla testa per ripararsi dall'acqua. Il commissario girò su se stesso, venendo a trovarsi davanti al motociclista il quale cercava di portargli via la valigetta. Il *tira e molla* tra i due durò, assurdo, per qualche secondo: assurdo perché la valigetta, piena di carte senza importanza, cresceva di valore agli occhi dello scippatore proprio perché così difesa. Lo scippatore a un certo punto, preferì abbandonare e ripartire. Ma non andò lontano, quasi alla fine del vicolo descrisse una curva a U e si fermò. Interamente coperto dalla

vicolo, piccola via stretta
perdersi d'animo, perdere la fiducia, scoraggiarsi
intronare, far perdere i sensi
scippare, rubare strappando con rapidità qualcosa di mano ad una persona
tira e molla, lotta per strappare una cosa ad un altro

tuta, la testa nascosta dentro al *casco integrale*, il motociclista era una figura *minacciosa* che *sfidava* il commissario.

casco integrale

"E ora che faccio?" si chiese Montalbano. Di voltare
5 le spalle e mettersi a correre, neanche a pensarlo: a parte la brutta figura, il motociclista avrebbe potuto raggiungerlo come e quando voleva e farne vendetta. Non restava che andare avanti. Montalbano si mise a camminare come se andasse a passeggio in una giornata di
10 sole. Il motociclista lo guardava avvicinare senza muoversi, pareva una statua. Il commissario andò dritto verso la moto, arrivato davanti alla ruota *anteriore* si fermò.

"Ti faccio vedere una cosa" disse al motociclista.

Aprì la valigetta, la rovesciò, le carte caddero a ter-
15 ra, si bagnarono. Senza neanche richiuderla, Montalbano gettò per terra anche la valigetta vuota.

"Se scippavi la pensione a una vecchietta, sicuro che

tuta, abito intero che copre tutto il corpo
minaccioso, che minaccia
sfidare, invitare a combattere
anteriore, che si trova davanti

ti andava meglio."

"Io non scippo le donne, né vecchie né ragazze" reagì con tono offeso lo scippatore.

Montalbano non riuscì a capire che voce quello avesse, gli arrivava troppo soffocata dal casco. 5

Il commissario decise, chissà perché, di portare avanti la *provocazione*.

Infilò una mano nella tasca interna della giacchetta, tirò fuori il portafoglio, lo aprì, scelse una carta da centomila, lo porse allo scippatore.

5   "Ti bastano?"

"Non accetto *elemosina*" fece il motociclista, allontanando con violenza la mano di Montalbano.

"Quand'è così, buonanotte. Ah, senti, dammi un'informazione: che strada devo fare per arrivare al
10 Centrale?"

"Sempre dritto, la seconda a sinistra" rispose con estrema naturalezza lo scippatore.

Il discorso di Montalbano, iniziato alle 10 e 30, era previsto dovesse finire alle 10 e 45 per dare posto ad
15 altri quindici minuti di dibattito. Invece il discorso terminò alle 11. Nessuno ci capì niente. Il presidente *rinviò* il dibattito. Così il commissario poté lasciare il convegno e andarsene in questura. Si era ricordato che un anno prima l'allora questore di Palermo aveva fondato
20 una squadra speciale *antiscippo*. A capo della squadra era stato messo il vicecommissario Tarantino.

"Tarantì, ti occupi ancora dell'antiscippi?"

"Sei venuto a prendermi in giro? La squadra si è sciolta due mesi dopo la sua fondazione. Capirai: dieci
25 uomini a mezza giornata contro una media di cento scippi al giorno!"

"Volevo sapere…"

"Senti, è inutile che ne parli con me."

> *provocazione*, l'atto di provocare
> *elemosina*, soldi che si danno ai poveri
> *rinviare*, spostare nel tempo
> *antiscippo*, contro lo scippo

Alzò il telefono, *bofonchiò* qualcosa. Quasi immediatamente apparve un trentenne dall'aria simpatica.

"Questo è l'*ispettore* Palmisano. Il commissario Montalbano ti vuole chiedere una cosa."

"Ai comandi." 5

"Solo una curiosità. Ha mai saputo di scippi fatti usando una moto *d'epoca*?"

"Che intende per moto d'epoca?"

"Mah, che so, una Laverda, una Harley-Davidson, una Norton…" 10

Tarantino si mise a ridere.

"Ma che ti viene in mente? Sarebbe come andare a rubare le *caramelle* a un bambino con una Bentley!"

Palmisano, invece, restò serio.

"No, mai saputo. Desidera altro?" 15

Montalbano restò ancora cinque minuti a parlare col suo collega poi lo salutò e andò a cercare Palmisano.

"Viene a bere un caffè con me?"

"Ho poco tempo."

"Cinque minuti basteranno." 20

Uscirono dalla Questura, entrarono nel primo bar che incontrarono.

"Voglio dirle quello che mi è capitato ieri sera."

E gli raccontò l'incontro con lo scippatore.

"Vuole farlo arrestare? Non le ha rubato niente, mi 25
pare" fece Palmisano.

"No, vorrei solo conoscerlo."

"Anch'io" disse sottovoce l'ispettore.

"Era una Norton 750" aggiunse il commissario "ne

---

bofonchiare, parlare in modo non chiaro
ispettore, persona di grado superiore che lavora nella polizia
d'epoca, antico di valore
caramella, piccolo dolce

sono più che sicuro."

"Già" assentì Palmisano "e lui era vestito *di tutto punto*, col casco integrale."

"Sì. E allora, lei che mi dice?"

5 "Fu al secondo mese che facevo servizio nella squadra. Mancava poco alla chiusura *mattutina* delle banche. Io ero davanti alla banca Commerciale, uscì un uomo con una borsa e uno, su una Norton 750 nera, gliela scippò. Mi precipitai all'inseguimento, avevo una
10 bella Guzzi. Niente da fare."

"Era più veloce?"

"No, dottore, più bravo. Per fortuna c'era poco traffico. Lui sempre avanti e io sempre dietro. Lui prese una strada di campagna. E io dopo. Si vede che voleva
15 fare *moto-cross*. A una curva però la mia moto scivolò e io volai. Mi salvò il casco, ma perdevo sangue dalla gamba destra, mi faceva male. Rialzandomi, la prima cosa che vidi fu lui. Si era fermato, ebbi l'impressione che se non mi fossi messo in piedi quello sarebbe stato
20 capace di venirmi a dare una mano d'aiuto. Ad ogni modo, mentre io m'avvicinavo alla Guzzi senza staccare gli occhi da lui, fece una cosa che non m'aspettavo. Alzò davanti a sé la borsa scippata e me la fece vedere. La aprì, ci guardò dentro, la richiuse, la gettò in mezzo
25 alla strada. Poi girò la Norton e se ne andò. Io raccolsi la borsa. C'erano cento milioni in biglietti da centomila. Tornai in Questura e nel rapporto scrissi che avevo *recuperato* la *refurtiva* e che purtroppo lo scippatore era

di tutto punto, con cura
chiusura, l'atto del chiudere
mattutino, di mattina
moto-cross, gara con motociclette su terreno difficile
recuperare, riprendere
refurtiva, quello che è stato rubato

86

riuscito a scappare. Non dissi neanche la marca della moto."

"Capisco" fece Montalbano.

"Perché quello non cercava i soldi" disse Palmisano, dopo un silenzio. 5

"E che cercava secondo lei?"

"Boh! Forse un'altra cosa, ma non i soldi?"

Questo Palmisano era davvero una persona intelligente.

"Le sono venuti all'orecchio altri casi come il suo?" 10

"Sì. Tre mesi dopo il fatto mio. Capitò a un collega che è stato trasferito. Anche lui ricuperò la refurtiva, ma era stato lo scippatore a ridargliela."

"E così abbiamo uno scippatore che *abitualmente* se ne va in giro…" 15

"No, commissario, non se ne va in giro "abitualmente", come dice lei. Lo fa solo quando non può fare a meno della *sfida*. Ha altro da domandarmi?"

Il convegno ripigliava alle tre e mezza, poteva starsene almeno due ore al caldo. Si fece mandare in camera l'*e-* 20 *lenco telefonico* di Palermo. Gli era venuto in mente che per ogni *hobby* c'è sempre un'*associazione*, un *club*, dove gli *iscritti* si scambiano informazioni. Trovò un "Moto-car" che non capì cosa significasse, seguito da un "Motoclub" del quale fece il numero. Rispose una gen- 25

---

abitualmente, di abitudine
sfida, invito a combattere
elenco telefonico, libro che contiene i numeri di telefono
hobby, attività del tempo libero
associazione/club, luogo dove le persone con lo stesso hobby possono incontrarsi
iscritto, chi si iscrive

tile voce *maschile*. Il commissario confusamente spiegò d'essere stato trasferito da poco a Palermo e domandò informazioni per un' iscrizione al club. L'altro rispose che non c'erano problemi, poi, di colpo facendo più bassa la voce, chiese:

"Lei è un *harleysta?*"

"No, non lo sono" fece il commissario.

"Che moto ha?"

"Una Norton."

"Beh, allora è meglio che lei si rivolga al Nor-club. Si prenda il numero di telefono, troverà qualcuno dopo le venti."

Ci provò subito. Nessuno rispose. Poteva farsi un'oretta di sonno prima di andare alla chiusura del convegno. Si svegliò sentendosi benissimo. Guardò l'orologio e gli venne un colpo: le sette. Dato che ormai era inutile presentarsi al convegno, se la pigliò comoda. Alle otto e cinque telefonò dalla hall dell'albergo, gli rispose una fresca voce di ragazza. Venti minuti dopo si trovò alla sede del club. Non c'era nessuno, solo la giovane che aveva risposto al telefono. Era così simpatica che al commissario non venne a cuore di raccontare la storiella del *nortonista* trasferito.

"Perché è venuto qua?"

"Ecco, vede, abbiamo l'ordine di *censire* tutte le associazioni, i club, sportivi o no, mi spiego?"

"No" fece la ragazza "ma mi dica quello che vuole sapere e io gli dico, la nostra non è un'associazione segreta."

maschile, di, da maschio
harleysta, chi ha una Harley Davidson
nortonista, chi ha una moto Norton
censire, accertare e contare

"Siete tutti così giovani?"

"No. Il cavaliere Rambaudo, tanto per fare un esempio, ha da tempo passato i sessant'anni."

"Ce l'ha una foto di gruppo?"

La ragazza sorrise.   5

"Le interessano i nomi o le facce?"

E indicò la parete alle spalle di Montalbano.

"E' di due mesi fa" aggiunse "e ci siamo tutti."

Una foto *scattata* in aperta campagna. Più di trenta persone, tutte in tuta nera e stivali. Il commissario 10 guardò le facce con attenzione, quando arrivò alla terza della seconda fila ebbe un *sussulto*. Non seppe spiegarsi come gli fosse venuta la certezza che quel trentenne che gli sorrideva era lo scippatore.

"Siete tanti" disse.   15

"Tenga presente che il nostro è un club provinciale."

"Già. Ha un *registro*?"

L'aveva. E tenuto in ordine perfetto. Foto, nome, cognome, professione, indirizzo e telefono dell'iscritto. *Sfogliò* il registro. Poi sorrise alla ragazza che stava parlando 20 al telefono e uscì. In testa, aveva tre nomi e tre indirizzi. Ma quello dell''avvocato Nicolò Nuccio, via Libertà 32, Bagheria, telefono 091232756, era *stampato in grassetto*.

Tanto valeva levarsi subito il pensiero. Fece il numero 25 dal primo telefono pubblico che incontrò e gli rispose un bambino.

---

scattare una foto, fare una foto
sussulto, un movimento improvviso
registro, libro in cui si scrivono nomi e indirizzi
sfogliare, guardare le pagine
stampare in grassetto, rimanere impresso con lettere grosse

"Plonto?Plonto? Chi sei tu? Che vuoi?"

Non doveva neanche avere quattro anni.

"C'è papà?"

"Ola te lo chiamo."

Stavano guardando la televisione, si sentiva la voce di… Di chi era quella voce? Non ebbe tempo di rispondersi.

"Chi parla?"

Nonostante l'avesse sentita soffocata dal casco integrale, il commissario la riconobbe. Senza ombra di dubbio.

"Il commissario Montalbano sono."

"Ah. Ho sentito parlare di lei."

"Anch'io di lei."

L'altro non rispose, non domandò. In secondo piano la televisione continuava. Ecco: era la voce di *Mike Buongiorno*.

"Ho motivo di ritenere che noi due, ieri notte, ci siamo incontrati."

"Ah, sì?"

"Sì, avvocato. E avrei piacere d'incontrarla nuovamente."

"Allo stesso posto di ieri notte?"

Non pareva per niente preoccupato dal fatto d'essere stato scoperto. Anzi, si permetteva di scherzare.

"No, l'aspetto al mio albergo, al Centrale, ma questo lo sa già, domani mattina alle nove."

"Verrò."

Mangiò bene in una *trattoria* vicino al porto, tornò in

Mike Buongiorno, famoso presentatore televisivo del programma "La ruota della fortuna"
trattoria, piccolo ristorante

albergo verso le undici, stette a leggere per quasi due ore, fatta l'una spense la luce e s'addormentò. Alle sette del mattino si fece portare un caffè espresso doppio e il "Giornale di Sicilia". La notizia che lo fece *balzare* in piedi era scritta in prima pagina: si vede che era arrivata appena in tempo per essere *stampata*. Diceva che alle 22 e 30 della sera prima, vicino alla stazione, uno scippatore aveva tentato di rubare il *campionario* di un rappresentante di *preziosi* che aveva reagito sparando e uccidendolo. Con estrema sorpresa lo scippatore era stato riconosciuto come l'avvocato Nuccio Nicolò, trentaduenne, *benestante*, di Bagheria. Il Nuccio – continuava il giornale – non aveva nessun bisogno di rubare per vivere, la stessa moto sulla quale aveva tentato lo scippo, una Norton nera, valeva una decina di milioni. Si trattava di uno *sdoppiamento* della personalità? Di uno scherzo finito *tragicamente*?

Montalbano gettò il giornale sul letto e cominciò a vestirsi. Nicolò Nuccio aveva trovato quello che cercava e lui forse ce l'avrebbe fatta a pigliare il treno delle otto e mezzo per Montelusa. Da lì avrebbe telefonato al commissariato di Vigàta. Qualcuno sarebbe venuto a prenderlo.

---

balzare, saltare
stampare, qui scrivere sul giornale
campionario, insieme di oggetti da vendere
preziosi, oggetti preziosi, di oro, gioielli ecc.
benestante, abbastanza ricco
sdoppiamento, divisione in due
tragicamente, in modo triste

DOMANDE

L'arte della divinazione:
1. Trova tutte le forme del condizionale composto nel racconto e spiegane l'uso della forma.
2. Perché il preside Tamburello dice a Montalbano di non usare il condizionale?
3. Che cosa pensa Montalbano del preside?
4. Perché il professore Cosentino ha fatto la divinazione al preside?
5. Perché la moglie del preside viene chiamata Santippe?
6. Trova tutte le forme del congiuntivo passato nel testo, e spiegane l'uso della forma.
7. Descrivi il preside.
   Trova esempi nel testo del modo di parlare in Sicilia.

Par condicio:
1. Che cos'è la mafia?
2. Come è l'atteggiamento della gente quando succede un omicidio commesso dalla mafia?
3. Come si chiamano le due famiglie?
4. Che cosa significa Par condicio in questo racconto?
5. Perché si costituisce Vittorio Lopresti, dicendo di aver ammazzato Cosimo Zaccaria?
6. E' vero che Mariuccia Di Stefano si suicida per il dolore di aver perso il marito?
7. Come si vede che la sintassi è influenzata dal dialetto siciliano?

L'odore del diavolo:
1. Dove si trova, all'inizio del racconto, Salvo Montalbano? Di chi è ospite. Qual è il rapporto tra loro due?
2. Perché la signora Antonietta crede che il diavolo sia entrato in casa sua?
3. Come reagisce la signora Antonietta davanti al fatto di avere il diavolo in casa?
4. Come si manifesta il diavolo?
5. Perché fa venire suo nipote, il prete?
6. Perché a un certo punto la signora Clementina rifiuta di ospitare la signora Antonietta?
7. Per quale motivo il nipote si sia mascherato da diavolo?

Il compagno di viaggio:
1. Per quale motivo il commissario è di cattivo umore?
2. Che cosa fa Montalbano per cercare di dormire?
3. Che cosa fa Montalbano quando entra il compagno di viaggio?
4. Come si comporta il compagno di viaggio?
5. Che cosa butta fuori dalla finestra il compagno di viaggio?
6. Che cosa c'è scritto sulla cartolina che Montalbano trova per terra?
7. In che modo il commissario Montalbano dimostra una grande pietà?

Miracoli a Trieste:
1. Che cosa succede al commissario Montalbano appena arrivato a Trieste?
2. Perché il collega Protti si mette a ridere?
3. Perché il commissario non racconta come è rientrato in possesso del suo portafoglio?
4. Chi è Totuccio Genuardi?
5. Avresti reagito diversamente dal commissario durante il convegno?.

Il vecchio ladro:
1. Che cosa fa Orazio Genco di mestiere?
2. Che cosa fa Romildo Bufardeci di mestiere?
3. Come viene descritto Romildo Bufardeci?
4. Perché i due si conoscono?
5. Perché Orazio non ha niente in contrario di essere portato al commissariato da Romildo?
6. Orazio ottiene quello che ha voluto?
7. Come fa Montalbano a capire che la signora Caruana non dice la verità.
8. Quali sono i rapporti tra Orazio e Montalbano?

Cinquanta paia di scarpe chiodate:

1. Perché il commissario va a trovare Gaetano Burroso di persona invece di farlo venire al commissariato?
2. Perché Billé ammira Montalbano? E perché più tardi lo rimprovera?
3. Che cosa ha intenzione di fare Montalbano appena Burroso si contraddice? E perché poi non lo fa?
4. Perché Montalbano dice che la giustizia di Borruso è come la giustizia della mafia?
5. Perché sospettano Burroso dell'omicida?
6. Che impressione fa Burroso sul commissario Montalbano?
7. Che cosa vuol dire 're pastore'?
8. Perché Montalbano vuole andare lui in persona a dire a Borruso che hanno arrestato il colpevole?
9. Fai una descrizione del commissario come poliziotto e come uomo.

Lo scippatore:

1. Che cosa deve fare Montalbano a Palermo? E' contento?
2. Che cosa succede quando il commissario torna dalla cena dall'amico?
3. Racconta le cose strane che capitano durante l'incontro.
4. Quali sono le fasi delle indagini di Montalbano?
5. Chi è lo scippatore?
6. Perché Montalbano lo vuole vedere?
7. Qual'è il commento di Montalbano dopo aver letto la notizia sul giornale, e che cosa vuol dire?

www.easyreaders.eu

EASY READERS *Danimarca*

ERNST KLETT SPRACHEN *Germania*

ARCOBALENO *Spagna*

LIBER *Svezia*

PRACTICUM EDUCATIEF BV. *Olanda*

EMC CORP. *Stati Uniti*

EUROPEAN SCHOOLBOOKS PUBLISHING LTD. *Inghilterra*

WYDAWNICTWO LEKTORKLETT *Polonia*

KLETT KIADO KFT. *Ungherìa*

ITALIA SHOBO *Giappone*

NÜANS PUBLISHING *Turchìa*

ALLECTO LTD *Estonia*

Opere della letteratura italiana ridotte e semplificate
ad uso degli studenti.
Le strutture e i vocaboli di questa edizione sono tra i più
comuni della lingua italiana.
I vocaboli meno usuali o di più difficile comprensione
vengono spiegati per mezzo di disegni o note.
L'elenco delle opere già pubblicate è stampato all'interno
della copertina.
C'è sempre un EASY READER a Vostra disposizione per una
lettura piacevole e istruttiva.
Gli EASY READERS si trovano anche in tedesco, francese,
inglese, spagnolo e russo.

Per ragioni di diritto d'autore alcuni dei titoli
summenzionati non sono in vendita in tutti i
paisi. Si prega di consultare il catalogo
dell'editore nazionale.